体育文化传承与训练发展研究

陈亮军 著

吉林摄影出版社
·长春·

图书在版编目（CIP）数据

体育文化传承与训练发展研究 / 陈亮军著. — 长春：吉林摄影出版社，2023.7

ISBN 978-7-5498-5923-8

Ⅰ. ①体… Ⅱ. ①陈… Ⅲ. ①体育文化－研究 Ⅳ. ①G80-054

中国国家版本馆CIP数据核字(2023)第154412号

体育文化传承与训练发展研究
TIYU WENHUA CHUANCHENG YU XUNLIAN FAZHAN YANJIU

著　　者	陈亮军
出 版 人	车　强
责任编辑	王维夏
封面设计	文　亮
开　　本	787毫米×1092毫米　1/16
字　　数	220千字
印　　张	10
版　　次	2023年7月第1版
印　　次	2023年7月第1次印刷
出　　版	吉林摄影出版社
发　　行	吉林摄影出版社
地　　址	长春市净月高新技术开发区福祉大路5788号
	邮编：130118
网　　址	www.jlsycbs.net
电　　话	总编办：0431-81629821
	发行科：0431-81629829
印　　刷	河北创联印刷有限公司
书　　号	ISBN 978-7-5498-5923-8　　　定　价：56.00元

版权所有　　侵权必究

前　言

　　文化既是一种社会现象，又是一种历史现象，体现出十分复杂的特征。体育文化作为文化的一种，也具有传承性与时代性。体育文化是一个跨学科的大领域。笼统地说，就是从文化的视角对体育做出一些必要的分析。这不仅是从一个更为广泛的角度来探讨体育的基本理论，也是对其本质及价值更为深入的认识。体育不仅可以增强体质，促进身体发展，还可以促进心理发展。

　　本书首先对体育文化的内涵做了概述，其次讲述了体育文化的传播、体育文化传播与发展的历史进程、国内外体育文化发展现状，接着讲到了高校体育教学与体育文化的融合、校园体育文化体系建设与创新发展，进而探讨了运动训练的原理与方法、专项身体素质理论及训练方法，最后研究了体育活动中的认知干预训练以及行为干预训练。本书可供相关领域的体育工作人员学习、参考。

　　本书在编写过程中借鉴了一些专家学者的研究成果，在此特向他们表示感谢。由于编写时间仓促，编写水平有限，不足之处在所难免，恳请专家和广大读者提出宝贵意见，予以批评指正，以便改进。

目 录

第一章 体育文化的内涵 ……………………………………………………… 1
第一节 体育文化概述 ……………………………………………………… 1
第二节 体育物质文化内涵 ………………………………………………… 10
第三节 体育制度文化内涵 ………………………………………………… 13
第四节 体育精神文化内涵 ………………………………………………… 15

第二章 体育文化的传播 ……………………………………………………… 18
第一节 体育文化传播 ……………………………………………………… 18
第二节 体育文化与传播 …………………………………………………… 27

第三章 体育文化传播与发展的历史进程 …………………………………… 33
第一节 体育文化产生的动因及社会根源 ………………………………… 33
第二节 原始体育文化的发展历程 ………………………………………… 35
第三节 现代体育文化的发展 ……………………………………………… 41

第四章 国内外体育文化发展现状 …………………………………………… 47
第一节 我国体育文化研究的发展历程 …………………………………… 47
第二节 国内体育文化研究的现状 ………………………………………… 49
第三节 国外体育文化研究的现状 ………………………………………… 55

第五章 高校体育教学与体育文化的融合 …………………………………… 58
第一节 体育教学改革中的文化动力 ……………………………………… 58
第二节 体育教学与学校体育文化的关系 ………………………………… 67
第三节 学校体育教学中体育文化的传承 ………………………………… 74
第四节 体育教学与学校体育文化的融合发展 …………………………… 79

第六章　校园体育文化体系建设与创新发展 ……………………… 82

第一节　校园体育文化理论体系 …………………………………… 82
第二节　校园体育文化的现代化发展与创新 ……………………… 87
第三节　校园体育文化体系的科学建设 …………………………… 90

第七章　运动训练的原理与方法 ………………………………… 99

第一节　运动训练的理念及发展创新 ……………………………… 99
第二节　运动训练的基本原理及原则 ……………………………… 102
第三节　运动训练的方法及创新性探索 …………………………… 113
第四节　运动训练负荷的科学安排 ………………………………… 118

第八章　专项身体素质理论及训练方法 ………………………… 123

第一节　专项特征基础认知 ………………………………………… 123
第二节　体能与专项能力 …………………………………………… 126
第三节　专项身体素质训练方法 …………………………………… 134

参考文献 …………………………………………………………… 152

第一章 体育文化的内涵

体育文化是人类文化的一个重要分支,也是人类创造并积累起来的伟大财富。体育文化内容的丰富性,彰显出了体育文化多样的内涵。本章就体育文化的多样内涵进行挖掘与分析,内容主要包括体育文化概述、体育物质文化内涵、体育制度文化内涵和体育精神文化内涵。

第一节 体育文化概述

一、文化概念

一般来说,文化的概念可以从广义和狭义两个层面进行理解。

(一)广义文化

广义文化是指人类对社会和自然界产生作用的所有成果的总和,包括所有的精神财富和物质财富。因为其主要是侧重于人类社会同自然界之间的本质区别,涉及范围非常宽广,又被称为"大文化"。

(二)狭义文化

狭义文化指从意识形态方面所创造出来的精神财富,包括信仰、宗教、道德情操、风俗习惯、文学艺术、学术思想、科学技术、各种制度等。

狭义文化将人类活动中有关物质创造活动及其结果的那一部分排除掉,专注于精神所创造活动的及其结果,又被称为"小文化"。

二、体育文化的界定

(一)体育文化的概念

所谓体育文化就是指所有同人类体育运动相关的物质文化、制度文化和精神文化的总和。

体育文化的内容包含很多方面，主要有体育情感、体育认识、体育理想、体育价值、体育制度、体育道德和体育物质条件等。

体育的技术方法应归属在体育认识的范畴，它是人类认识过程的一个比较特殊的形式。

体育文化所包含的意义主要从以下几个方面体现出来（图1-1）

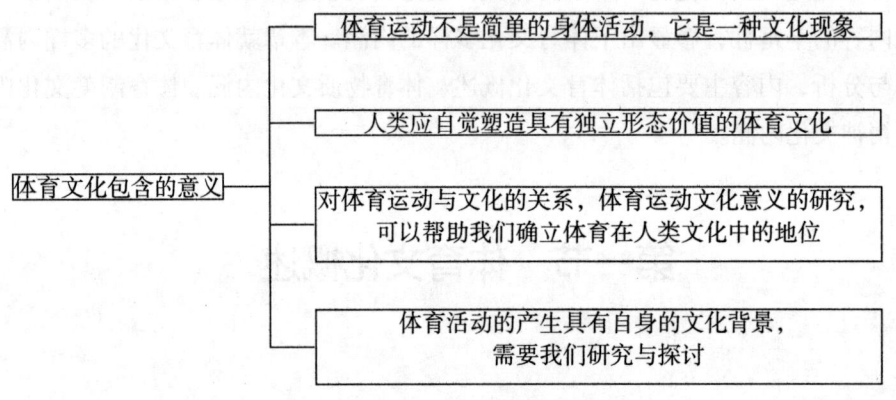

图1-1 体育文化的意义

同传统的《体育理论》《体育概论》中对体育运动的定义不同，体育文化的意义主要包括以下几个方面：第一，要以一种文化现象视角看待和研究体育运动；第二，通过研究体育活动的文化背景，来对体育运动与文化的关系进行考察；第三，在人类文化中确定体育的地位，并对体育运动的文化意义进行考察；第四，研究如何塑造有着独立形态价值的体育文化。

体育作为一种文化，主要归为以下几方面的原因：第一，体育运动是对人类思维方式的表达和传递，而非简单的动物本能的肢体活动和嬉戏。体育的产生具有文化意义。第二，在体育运动中，文化所具有的各种特质都得以很好地表现出来。体育既包含走、跑、跳、投等外在的身体活动形式，如器材、设施等，也具有内在的意识形态、价值观念、行为规范等心理历程，以及心物结合的中间层次的内容。第三，通过人自身的身体活动，体育可以对人的社会属性和自然属性进行改变。体育既是一种物质文化体系，也是社会上层建筑的一部分。第四，体育运动在其整个发展历程中，呈现出了文化的民族性、时代性、世界性、继承性等特点。

（二）体育文化的内涵

从文化的一般定义来看，体育文化可以分为三个层次的内容，如图1-2所示。

```
┌─────────────────────────────────────┐
│   表层是指运动形式（包括身体运动形式及   │
│      所使用的场地、器材等物质形态）      │
└─────────────────────────────────────┘

┌─────────────────────────────────────┐
│   中层是指体育体质（包括体育的社会组织   │
│         形态和教学训练体制等）          │
└─────────────────────────────────────┘

┌─────────────────────────────────────┐
│            深层是指体育观念            │
│     （包括身体观、运动观、方法观等）     │
└─────────────────────────────────────┘
```

图1-2　体育文化的内容

三、体育文化的分类

根据不同文化类型的划分原则，可以将体育文化划分为以下几类。

（一）不同运动项目的体育文化

在许多流行时间长和传播范围广的体育项目中，都孕育着非常浓厚的体育文化，可以根据项目自身建立起一套体育文化规范，以对社会文化某一方面的稳定规律进行反映，如具有鲜明民族风格的斗牛，风靡全球的健美操、拳击；美国国民性的橄榄球、棒球、冰球、篮球，北欧国家极具地域色彩的冰雪体育、足球；中国武术、龙舟、秋千、风筝等项目，这些都可以在其自身体系中构建出一系列的体育文化内容。

运动项目的体育文化除了取决于项目所特有的运动形式之外，还包括项目产生和发展的社会文化背景、项目兴盛的社会心理原因、项目组织的制度和规范等多种文化因素。

因此，在对项目体育文化的内涵进行探讨时，既要对项目运动方式所蕴含的文化特征进行兼顾，又要对影响项目发展的社会文化环境进行考虑，两者缺一不可。

（二）不同地域的体育文化

从地域角度分析，正是散裂的地域分布，促使古希腊人长期以来都习惯于城邦制小国寡民的政治格局，以至于最后养成了一种城邦崇拜的情结，未能表现出任何形式的政治统一能力。

在古希腊时期，古奥运会之所以能够举办1000多年，最有可能的原因是由于政治条件和先天不足的地缘，古希腊人不得不举办古奥运会，对于社会条件和地理条件同奥运会的关系可以看作"苦痛与抗争"。

四、体育文化的特征

（一）同一性

所谓同一性是指主体与客体的同一。

体育文化是一种文化现象，人是其主要的作用对象，但人作为一个综合体，既具有自然属性，也具有社会属性。体育文化最为基本的特征就是人的活动主体同客体相同一。

在体育运动中，身体运动是其基本的形式，其主要目的就是促使人的体质得以增强，而在这个基本目的和基本形式的指导下，体育能够更好地实现增强体质、有效地塑造人体，提高人的心理健康条件的目标。与之相比，其他文化都是向人提供间接的服务。

就目前来讲，人类所面临的主要任务就是在对提高运动竞技水平不产生影响的前提下，将一些摧残运动员身心、过度异化的行为尽可能减少，从而更好地引导体育文化进入合理、科学的发展轨道。

（二）多样性

在体育文化这一统一体之中，从体育文化的表现形式来说，人的参与程度以及参与的规模对体育文化多样性的形成起着决定性作用；从体育文化实现的方向和性质来说，人的评价标准和评价方式对其形成也起着决定性作用。

正是因为体育文化的特性所在，体育文化的实现方式和参与方式也是多种多样的。对于普通群众来说，他们参与和实现体育的方式主要是健身体育。对于运动员来说，他们参与和实现体育的方式主要是竞技体育。对于病人来说，他们参与和实现体育的方式主要是医疗保健体育。对于生产者和销售者来说，他们参与和实现体育的方式主要是产业体育。

此外，电视台、出版社、报社、广播电台等部门的编辑、记者、解说员和主持人等可以通过调查、采访、体育文章的撰写、体育节目的制作等过程来更好地实现体育价值。体育部门以及其他部门的体育干部可以通过对体育事业进行组织和管理来实现体育价值。

在社会性这一层面上，体育以一种独特的方式对参与范围进行了拓展，进一步加深了参与程度，丰富了实现手段，并增强了实现力度，使体育文化的生命力得以提高和发展，并在人类整个文明的演进过程中融入了体育文化的特殊基因。

（三）传承性

人类处在一个非常复杂的社会之中，在众多的社会文化中，各自都有不同的表现方式和传承的载体。例如，文字是诗歌和小说的表现形式，建筑物和绘画作品是建筑的表现形式，酒和茶是酒文化和茶文化的表现形式和传承方式。

虽说人类创造出了这些文化现象，这些文化也是通过各种方式在人的意识领域留下足迹，然而，很多在人脑和观念中存在的文化，虽然具有相应的历史传承性，但在经过了代代相传之后，常常会出现模糊或者很难进行辨明的情况。

文化的符号性常常被文化学者用来指代文化，这里所说的表现和传承载体就是指文化的符号。

作为一种非语言文字文化，体育文化就是使用身体来进行表征和传承的，这也是体育文化同其他非人体文化的不同之处。由于人体运动方式的不同，不同的运动项目表现出了不同的身体形态特征。

（四）直观性

通过各个不同的形式能够很好地展现出人类社会文化的内容和要素。

人类文化的表现形式以及评价标准的客观、实在，也是文化符号论者所坚持的。从这一方面来看，体育文化具有非常鲜明的独特优势，这主要表现为，同其他文化相比，其评价和表现都更加直观显性。

这就是体育文化的直观性特征。体育文化内容与要素的差距、优劣明显而直观，具有十分鲜明的特色。这与其身体文化特性有关，更与体育文化中一套客观的评价体系密切相关。

对于体育文化来说，公平竞争是其精髓之一，在于它保证竞争的公平、公正和公开，在于它建立了合理而科学的体育评价体系。

体育文化的直观性特征在社会心理补偿方面具有非常重要的价值。在社会活动中很难像体育比赛那样具有公平、公开、直观显性、优劣分明的特征。对一个人的评价往往是综合的、模糊的，甚至是道德的，这在生活中使得人们很难寻求一种能够即刻表现的自我体认感。这就促使直观显性的体育比赛成了人们用来满足心灵需要的重要活动。

这表明，在拓展体育文化的价值和功能方面，体育文化的直观性特征是非常重要的。

五、体育文化的性质

(一) 阶级性

马克思和恩格斯认为:"一个阶级是社会上占统治地位的物质力量,同时也是社会上占统治地位的精神力量。支配物质生产资料的阶级,同时也支配着精神生产的资料,因此,那些没有精神生产资料的人的思想,一般是受统治阶级支配的。"

自从进入文明时代之后,从某种程度上来看,体育文化所具有的阶级性发生了一定的变化,在支配体育文化的权力方面也产生了三个统治阶级的变化,依次为奴隶主、封建贵族和近代资产阶级。

在整个发展过程中,体育文化的阶级性都得到了非常充分的体现。以奴隶社会和封建社会来说,从体育方面就能够很好地体现出统治阶级掌握了体育的特权,同时也支配着民间体育。

(二) 普遍性

所谓普遍性是指各个不同的阶级都拥有与自身相契合的相对独立的体育文化思想和文化形式。

原始社会,在参与体育方面,所有人拥有相应的权利,充分参与到体育生产和分配活动之中。

阶级社会,虽然统治阶级占有并统治着体育文化,但是体育依然是人们日常生活中一种非常重要的生活方式。各个不同的阶级、不同的职业、处于不同地位的人们都拥有各自的体育生活。

上述这些都能够充分体现出体育文化的普遍性。

(三) 经验性

所谓经验性是指作为一种人类文化的表现形式,体育文化具备了根据相关经验进行生产和传承的属性。同时,体育文化在传承和生产方面,也具有社会性,体育文化直接指导了人类整个社会得以自由发展。

对于体育文化,人类的认识水平以及改造能力都是非常有限的,这就需要根据以往的经验来对体育文化进行塑造和改进,如西周时期的尊礼,就是在当时条件的限制下,基于人们对自然界和宇宙的认识局限所形成的经验认识造成的。

值得注意的是,体育文化之所以具有经验性也有自身将身体作为传承形式这一直观显性特点,这对于模仿是非常有利的。除此之外,同体育文化相比,其他文化不具备这种特性，需要通过经验来进行指导，如文学、法律等。

（四）科学性

这里所说的科学性，是指体育文化在科学指导下进行运作和发展的属性。

人类的存在是一种物质存在，具有规律性和客观性。人类的生长发育以及改造规律都需要一定的科学理论进行指导才能得以实现。就拿竞技体育运动来说，不断提高的运动水平是在科学认识和合理掌握自然界变化规律以及人体运动规律的基础上得以实现的。

在现代社会中，竞技运动场上有更多的先进科学运动器材和运动设施被运用，大大提高了运动员的运动水平和比赛成绩。

这些都表明，体育文化具有科学的性质。此外，在竞技体育运动中，一些更为科学、更为先进的训练方法和训练手段的运用，对于体育运动成绩的提高起到了很好的促进作用。

（五）差异性

这里所说的差异性，是指在体育文化方面各个民族之间存在着一定的区别。这种差异主要从体育文化的组织形式、运动形式、体育观念、行为模式和价值标准等方面体现出来。

有很多因素会对体育文化的差异性产生影响，主要有社会地位、职业、年龄、种族、性别、地域、教育状况等。

（六）民族性

对于体育文化来说，民族性是其中一个非常重要的特性。它是指在生活生产方式、生存环境、地理位置、文化积累和传播等因素的影响下，一个民族所产生的不同于其他民族的体育文化。

体育文化所具有的民族性是以民族的语言、心理、性格以及在此基础上所产生的体育文化模式作为内容核心的。由于性格、语言、心理等的不同，在体育文化和生活方式方面也存在较大的差异，同时在民族心理和性格等因素中，这些差异以内化模式使得体育文化的民族性得以固化。

任何一种体育文化都具有各自的民族性。但当一个民族体育文化发展到一定程度之后，就会扩散到外部，这也无形之中增加了本民族体育文化同其他民族体育文化相接触的可行性，使得两者之间的交流也变得更加频繁起来。

（七）一致性

所谓一致性是指体育文化在各个民族之间存在相同或相似的地方，这主要指体育的运动方式、结构形式、运动观念、组织形式等方面。

各个国家、各个民族都具有各自所特有的体育文化现象，虽然在来源、思路等方面的差异比较大，但具有相同、相似的结构。宋元时期出现的"捶丸"就同欧洲中世纪时期的高尔夫球非常相似。虽然在历史背景及文化环境等方面，两者存在的差异性都比较大，但在运动器械、运动形式等方面的相似性非常高。

（八）群体性

这种群体性，主要从以下两个方面体现出来。

1. 体育文化离不开群体

从体育文化传播方面表现来看，体育文化是人类在后天的社会生活中，通过不断的相互合作，采用群体性的方式来获得的。

2. 任何体育文化都是群体所创造出来的产物

需要强调的是，即便是一个人创造出来的体育文化，也需要被群体所接受和认可，并进行丰富，才能发展成为体育文化。

作为一种超个体的存在，体育文化是在群体的氛围中得以不断发展起来的，并在群体中得到广泛流传，其传播速度和传播范围都要比其他物质形态好得多。所以，体育文化传播的群体性是体育文化发展中的主要动力。

（九）人类性

所谓人类性是指在一个民族中体育文化所具有的比较普遍的品格，也正是这一特性使得体育文化能够被理解和吸收，并同本民族的体育文化进行融合，进而得到发展。就拿中华民族传统养生文化来说，它对于生命质量进行追求的特性，是人类所共同拥有的，它能够超越国家、民族、语言、地域等的限制。

（十）社会性

这种社会性，主要从以下几个方面体现出来。

1. 个体性方面

在体育文化中，人类共同活动的价值和力量得以真正体现和凝结，可以说，这是一种社会遗产或社会财富。

2. 受动者方面

就受动者来说，从体育文化的创造性中能够很好地将体育文化所具有的社会性体现出来,这也是体育文化社会性最为深层的意蕴之所在。这是因为人类生存和发展是以人的创造性活动作为基础的。

3. 自然界方面

体育文化在自然界中并不是平白无故地产生的,对于一般的自然物来说,它们并不是文化;对于人来说,人本身具有生物遗传进化的特性,但并不具备体育文化的性质。只有人化自然才能称作文化,也只有在社会中才能产生和发展体育文化。

(十一)继承性

所谓继承性是指经过了各个不同时代的发展,体育文化依然对原有的某些特质加以保留的属性。

体育文化相比于其他文化形式来说,它是在社会价值体系和人们意识领域之中通过语言、图像、文字等媒体得以传承的。当然,在体育文化之中,身体动作是其最为基本的形式。换句话说,身体是传承体育文化的主要形式,同时体育文化中所特有的语言和文字也具有非常强大的传承功能。这些都使体育文化具备了继承性。

(十二)变异性

这里所说的变异性是指在长期的历史发展中,体育文化的结构、内容和模式产生变化的属性。

在体育文化发展过程中,其发展动力来源于传播和交流,如果缺少了其中的任何一个环节,那么体育文化就会如同一潭死水,难以获得进步和发展。在体育文化的发展中,变异并不总是积极的,或者说并不全是积极的。

(十三)时代性

所谓时代性是指体育文化随着时代的不断发展和变迁也会得到相应的发展和演变的特征,这一特性之所以能够存在,是因为生产力在发展中具有阶级性的特点。

物质、精神和制度是体育文化的三个层面。

通常来说,物质文化要比制度文化发展得快一些,而制度文化又比精神文化发展得快,在各个时代之中,它们又各自具有不同的体育运动方式、价值观念和组织制度。由此可见,对体育文化进行衡量并没有一个特定的标准作为依据。

在对体育文化进行评价方面,要从历史发展的角度进行审视,既要对其进步性予以肯定,又要对其时代的局限性进行了解。就拿宋朝和唐朝来说,"以瘦为美"是宋朝所倡导的审美观念,而"以肥为美"是唐朝所倡导的审美观念,这就使得这两个时代的体育文化存在比较大的差异,尤其这两个时代体育文化的舞蹈存在较大差异。在参与体育方面,女性的参与方式和心态也是不同的。

（十四）地域性

所谓地域性是指由于受地理环境的限制，体育文化能够表现出不同的特征。

对于体育文化，世界各个民族、各个国家都有着比较大的不同，各自都具有比较独有的特征。

在原始社会时期，体育文化自然具有很多共同之处，但也存在一定的地域性。换句话说，不同的地理条件，体育文化存在着很多不同的体育运动形式，如河流、草原等地区的运动项目就存在很多不同之处。欧洲国家没有中国辽阔的地域，各个国家之间的体育文化受地域影响非常小，但还是有影响的。例如，美国比较流行棒球和橄榄球、挪威比较流行冰雪类的运动项目。

（十五）世界性

这里所说的世界性是指无论显现出什么样的特征，无论经历了什么样的发展和变化，从整体上来说，体育文化都是属于世界的，具有世界性。

就世界历史来说，其主要的目标就是将世界联结成为一个整体，这对于体育文化来说也是一样的。体育文化在资本主义社会是将工业化和商业竞争作为背景的，其一般的特征就是竞技运动的成熟性和商业化，也是其世界性。在原始社会时期，世界各地体育文化都具有混合性、落后性、平等性等特征，这也是其世界性之所在。

（十六）永恒性

永恒性就是指体育文化在发展方面永恒不断、生生不息。时代性和永恒性是体育文化的两大特性，但它们并不是两个实体，而是同一个实体的两个方面，也就是两种不同的属性。

体育文化之所以具有永恒性是因为人类体育文化具有相同的东西，具有普遍的、客观的追求。

第二节 体育物质文化内涵

一、体育物质文化的概念

所谓体育物质文化是指人们以体育作为目的或在体育中的活动方式及物质形态。

二、体育物质文化的分类

体育物质文化可以分为体育器材和场地设施、体育活动方式及各种思想物化品。

（一）体育器材和场地设施

人类在历史发展的整个过程中，依靠自身的力量进行创造，以使自身需要得到满足，这也是人类最为基本的一项活动。

对于体育方面的需要，相对于人类其他方面的需要来说，它是一种将精神作为内核的需要，所以出现得相对较晚一些。但未能使自身发展需要得到满足，人们进行创造的欲望并没有减少。从体育活动的特点来看，体育物质文化更加具有象征性。通过建设各种主要的物质设施，来使人们自身体育运动的需要得到满足，如田径场、足球场、雪橇、体育馆、游泳镜、网球拍等，这些既成了人类诸多物质用具和设施中最为闪耀的部分，又将更多新的高科技元素加入其中。

随着人类需求的丰富和升华，使精神这一高层次方面的需求得到满足的创造动力将会变得越加强大，这必然会推动体育物质用具和设施得到更好的发展。

（二）体育活动方式

在人类发展中，运动是灵魂。通过采用各种运动方式，人们能够对自身进行改造和完善。使人类基本生活需求得到满足的活动方式主要有耕田、纺织、插秧、锄草、锻造、印染等各种农业和工业的劳动动作。

对身心健康的追求是体育活动方式的主要目的。这不但没有与人类的劳动方式相脱离，同时也更好地补充了人类的劳动方式。

随着人类文明的进步，体育活动方式也逐渐成了使人们的各种精神需要得到满足的具有强大生命力的一种活动方式。通过跑步对紧张的工作进行调整，通过参与篮球和网球运动促使体质增强，通过观看足球比赛更好地放松身心和宣泄情绪等，这些都属于体育活动方式。

（三）为促进体育发展而创造且形成物质的各种思想物化品

对各种物质的思想物化品进行创造是体育物质文化中最高层次的部分。体育物质文化中由人们的体育意识和观念直接形成的物质产物也归属于体育物质文化的范畴，它要比那些直接充当体育活动方式载体的体育用具和体育设施要高级，如裁判法、体育歌曲和录音带、体育法规制度、体育比赛录像带等。

从总体上来说，体育物质文化是指在体育文化诸现象中实际存在的、有形有色、能够被直接感知的事物。

体育物质文化既包括各种体育用品、体育场地和体育器材，同时也包括具有深刻思想内涵的物质。当然，它与体育制度文化和精神文化的区别，主要体现在形态的物质性、功能的基础性、表现的易显性三个方面。体育物质文化指内涵和功能具有物质性的活动，如体育电影片。实质上，体育物质文化是体育精神的投影，其中沉淀了人们的精神、欲望、智慧等，体育物质文化实际上是体育精神的物化：一切由于体育的目的和需要而作用的物质对象及人类生活方式都可以视为体育物质文化。体育文化是对体育水平的直接反映，也在一定程度上间接地反映了社会生产力的发展水平。

三、体育物质文化的特性

（一）基础性

体育物质文化是体育精神文化和体育制度文化的基础。

例如，如果没有足球和足球场作为物质基础，那么足球精神和足球协会也就很难得以存在。

（二）易显性

由于体育物质文化与社会发展的活跃因素使生产力关系直接处于体育文化的最表层，体育文化的发展变化往往首先从体育物质文化上体现出来。

（三）物质性

所谓体育物质文化是指在现实中存在的、可以触知的、具有物质实体的体育文化事物。

在创造这些事物的过程中，创造者的主体意识凝结其中，但其内容是物质的，并不是精神的。体育物质文化一定是对自然客体所做的现实改造，也就是说它天然就是物质的，如体育书籍、乒乓球桌等都是体育物质文化，其中也蕴含了体育精神，但它们终究是物质的并不是精神的。

第三节 体育制度文化内涵

一、体育制度文化的概念

所谓体育制度文化是指通过体育运动，人类对自身进行改造和完善的活动方式及其制度的产物。在体育运动中，它是指对人们的各种社会关系进行调控和规范的组织机构和规章制度的总称。

二、体育制度文化的分类

体育制度文化可以分为以下几部分。

（一）体育运动中的组织形式

在社会中，人们的地位和角色，除了由人的能力差异决定之外，还由活动的组织形式所需要的各种不同角色所决定。

在体育运动中，也有很多不同角色的划分，如裁判、教练、队长、队员、游击手、投手等和单败淘汰制、单循环制、交叉淘汰制等赛制，这些属于体育制度文化中最基本的内容。

当然，在体育运动中，在区分角色方面也是有一定原则的，如在运动队中，队长主要是由技艺高超或具有较强号召力的运动员来担任。根据参赛队伍的多少，比赛制度可能会有所调整和变化，但在大多数情况下，比赛的赛制都是严肃的、固定的。

（二）各种组织机构

组织机构能够使人类群体的力量得到合理和高效的发挥，它是人类社会逐步发展的产物。人类无论是个体活动还是集体活动都是无法摆脱组织机构作用的。作为一种人类改造自身、促进社会进步的文化产物，已经成了各种社会组织和它自身的各种组织机构重要的、不可缺少的一部分。

世界体育组织、大洲体育组织、国家体育组织、运动竞赛组织、学校体育组织、民众健身娱乐组织等构成了体育制度文化的重要组成部分。在成立各种体育机构时，只有同社会背景相符合同时对体育活动发展组织化进行关注，才能促使体育运动真正向着合乎体育文化规律性的方向发展。

（三）体育活动的原则和制度

在人类的组织制度文化体系中，组织机构的原则、制度对组织的性质、活动方式和发展方向起着决定作用，是制度文化中与精神文化关系最为直接、层次最高的一部分。

具体来说，体育制度文化是指在体育文化活动中人们自身构成的文化，它是一种稳定的、动态的文化成果，主要包括体育社会制度、组织、政治和法律形式、群体风尚、体育伦理道德、民族语言、风俗习惯和民族教育等方面的内容。

体育制度文化来源于对体育活动实践和体育精神领域的思考，在体育制度文化体系中，它是作用最为突出的组成部分，是架构体育一般规范与体育机构的桥梁。

不健全的体育制度会对体育机构的建立和完善产生影响，不完善的体育产业制度也会对体育经营管理活动的顺利开展形成制约。只有进行不断更新、改革和完善，才能对体育的发展状况进行改善。

三、体育制度文化的特性

对于体育制度文化的特性，可以体现为以下几个方面。

（一）连续性

在体育制度文化中，一些非常重要的内容，并不会随着时代的变迁而被废除，而是得到了相应的继承发展。

（二）时代性

从体育制度文化中的各个层次来说，政权机构和社会制度起着制约作用，并会随着时代变化和政权更替而变化。

因此，体育制度文化表现出了最为明显的时代特征。

（三）内化性

通过人们的认知，一些体育制度文化不断地内化深入，成为个人的意识，形成了一种不需要依靠任何外部情况刺激的自觉行为。

（四）俗成性

在体育长期的历史发展中，体育制度文化中的文化内容经过人们的约定俗成而得以产生，并不是依靠政权的规定，很多少数民族的体育风俗都具有这种特性。

第四节 体育精神文化内涵

一、体育精神文化的概念

所谓体育精神文化是指围绕和依靠体育，人们对客观世界进行改造的活动方式及全部产物。

二、体育精神文化的分类

体育精神文化可以分为以下四个部分。

（一）精神世界的物质内涵和行为准则

同一般文化相比，体育精神文化的不同之处就在于它将物质文化与精神文化、制度文化紧密相连。比如，体育谚语、体育服饰、运动训练、体育选材等都属于这一层次的体育精神文化。它归属在行为文化的范畴之内，同体育制度文化和体育物质文化的区别也非常微妙。

对于一件运动服装来说，我们从体育物质文化的层次，对它的质地、型号、颜色等进行品味；从体育精神文化的层次，注意其展示的体育民族个性、审美情趣等因素。

在开展体育运动训练时，要注意体育物质文化，如身体运动的场面表现；要注意体育制度文化，如教学传授的方式与人际关系；要注意体育精神文化，如指导思想和训练原则。

从一个角度和层面，是很难将体育的物质、制度、精神文化区分清楚的，三者是紧密相连、密不可分的。

（二）思想观念和理论体系

体育作为一项以改造人的身心为目的，进而促进身心全面发展的活动，需要在多个方面和不同层次上做出科学的阐释。

体育学科是在体育活动的理论背景下得以产生的，如体育经济学、体育史学等。

以上这些体育学科和一些体育领域的研究都是以书面方式展现的。体育学科专著的出版是这些体育学科发展的重要标志。

（三）通过抽象的声音、色彩等表现体育精神的艺术文化

人类把握世界，既需要有物质和精神的单一形式，又要对精神物化的产物进行把握。这些文化形式除了具有实实在在的物质表面外，还蕴含了人类的意志、情感和灵魂。这些文化形式是以文艺作为杰出典范的。

体育活动具有直观、激烈、宏大等特点，这些特点使得它成为文艺表现的对象，如体育诗歌、小说、漫画、相声、小品、歌曲、体育邮票等体育文艺都归属于体育精神文化的范畴。

对于一幅漫画来说，我们从体育精神文化的角度，来对其所呈现出来的体育情感和思想进行探究。体育精神文化这一层面属于艺术文化的一部分。

（四）通过体育改造人的主观世界的想法和打算

体育精神文化是指体育活动中依附的科学、心理、道德规范、科学、哲学、审美观念、文学艺术等思想意识形态的总称。

所有能够在体育文化中得以传承的道德规范、社会心理、哲学、科学、审美评价、文学艺术等思想意识形态领域的反映，都属于体育精神文化，其中包含了不同民族、不同地区的传统心态。

从体育精神文化来说，竞技体育文化价值是其重要的内容，是在弘扬主体精神、竞争观念、民主意识、科学态度等人类基本价值观念中体现出来的。例如，亚运会的进取、拼搏、科学求实、团结奋进、争创一流、祖国至上的精神，中华体育精神等，这些都是体育精神文化的精华之所在。

三、体育精神文化的特性

体育精神文化的特性表现为以下几个方面。

（一）沟通性

体育精神文化能够通过语言交流、笔录书写、阅读赏析等进行保存和传承，其目的就是加强沟通，形成精神对话。其形式虽然是物化的产品，但它是对体育主体精神和意念进行传递的媒介物。这也是体育精神文化的沟通特性的主要体现。

（二）积累性

同体育物质文化和体育制度文化相比，体育精神文化更加具有抗同化能力和凝固能力，它既具有积极的方面，又具有消极的方面，积极的方面是对优秀体育精神文化

的传承，对体育文化的进步起到了推进作用，消极的方面是保留落后的体育精神文化，对体育文化的发展造成阻碍。

（三）内视性

所谓体育主体精神的内视领域是由体育的思维、感知、审美情趣、价值观念等因素共同构成的，这些因素在其中充当着体育精神内容的实体。

第二章 体育文化的传播

第一节 体育文化传播

一、体育文化传播的内涵

体育文化是人类有意向的活动，是人们在满足了物质需求的基础上创造出来的文化世界，是人类为了不断适应生存环境，从而调整人与自然、人与人的关系，以便获得更好的生存和发展所创造出来的生活形式、精神文化和思维方式。

体育文化是社会文化的一个重要分支，是关于人类体育运动的非物质、体制和精神文化的综合体。体育文化包括体育意识、体育情感、体育价值、体育理想、体育道德、体育制度和体育物质条件等。体育文化从广义上讲是为了丰富人们的生活，满足生存需要，满足人类在身体进行活动时不断改造和完善，最终达到社会认可的文化。从另一方面讲体育文化是生活文化的一部分。体育文化来源于社会生活，也必然为社会生活服务。它肯定了体育是一种有价值的活动，并赋予体育一定的使命，从而使体育由借助自然的活动变成了有文化内涵的活动。体育文化是人类社会的一种文化现象，它的产生与人类社会的生产、生活以及军事、舞蹈、民俗等都有直接或间接的联系。关于体育与人类生产、生活的联系早有人论述，本书中也有谈及，至于与人类原始的军事、舞蹈、民俗联系的分析却较少，现略举数例以表述之。例如，原始人在最初时期，猎获大型的野生动物，以跳舞来表示欢庆，如今，它演变为具有高超艺术和优美舞姿的现代舞蹈，这就是体育文化由原始形态向现代文化逐步进化和发展的表现形式之一。当然，这里强调的是有意识、有目的的行为和有一定技能传授的活动，并不是指原始人无方向、无技能的活动。显然，体育文化的产生是与人类社会文化的渊源相一致的。从中国的历史记载来看，原始部落在祭日和拜日的仪式上燃起篝火，手握木棍或白羽毛，围着火堆，跳起各种舞蹈，象征太阳诞生了，表示对太阳的崇拜。再有，中国古代民俗活动中的祭龙、龙舟竞渡活动，以及如今在壁画上还能看到的古代人手舞足蹈、拉弓射击的动作，从这些活动中能想象和体会到原始人体育文化的最初起源。

体育文化从产生、发展到现今，是经过漫长的人类社会发展过程的，而且随着人类社会的发展，体育文化也在不断完善、提高。例如，中国古代传统的体育项目——气功、武术、太极拳及民间舞蹈等，随着人类社会的不断延续和发展，如今都成为现代中国乃至世界体育文化的宝贵财富。

体育文化之所以超越一个国家或一个民族的范围，有着各种外在的原因，但就体育文化本身而言，它的转变和提高及发展，是以人的自身健康、强壮、优美和品德高尚为目的的，这是判断人类社会在不同时期的文化水准的实质性形态，也是区别各民族文化差异的一个重要标志。因此，在当今世界，体育成为世界性的公共活动，是同国力、国运、民族精神相联系的。体育运动风靡全球，从而使体育文化在现代社会生活中引人关注。正如人们所共知的，中国的武术、太极拳，其主张内外俱练、形神兼顾，讲文明、讲道德、讲修养身心，深受人们的喜爱和欣赏。近些年来，中国传统体育项目不仅在国内城乡得到广泛普及和提高，而且在世界其他国家也广为流传，中国的体育文化在世界范围内进行着传播和发展。

二、体育文化的产生和发展

中国体育已经走进了一个全面振兴和繁荣发展的时代。在这个时代，中国竞技体育不但在世界竞技体育领域拥有自己的一席之地，而且正在逐渐走向强大。同时，中国体育文化的发展演进方兴未艾，体育文化无所不在地渗透到了当代中国老百姓的生活中，具有重要的文化内涵。

2008年北京成功举办了奥运会，更加激起了当代中国体育文化的热情。奥运会对我们这个具有优秀历史传承和灿烂文化的民族来说是百年一遇的体育大事件，同时也为我们民族传统体育的进一步发展提供了一个良好的发展契机。在如何"去其糟粕取其精华的基础上借鉴西方体育文化""为完善中国的体育文化建设出把力，为推动中国体育文化振兴加点油"，是值得我们每个体育学者深思的课题。

（一）体育文化的产生

体育文化是文化的一个重要组成部分，是浩瀚文化大河中的一个小小支流。体育文化形式很特殊。人类在生产和生活过程中所需要的物质资料由人类自身的生产形式供给。人类在追求生存的过程中得到了发展，为了适应环境，满足人们生理、心理和社会多方面的需求，体育文化在这个发展过程中应运而生。在原始社会，由于劳动工具过于简单，为了达到征服自然、改造自然、满足人类生存的目的，人类需要不断提高劳动生产、生活能力，不断革新劳动工具和劳动技能。体育运动的产生不但满足了原始社会人们的多方面需求，还满足了人们正常的生存需要，同时解决了安全问题、娱乐问题、社交问题、信仰问题等。以上这些需要同时为体育文化的产生打下坚实基础。当今社会，由于科技的高度发展，以及生产过程中生产者的技术含量的提高，人类的劳动形式发生了本质性的转变，更多的体力劳动逐渐被脑力劳动所取代，现在的工人只要按按电钮大部分问题都解决了。疲劳的产生也发生了根本性变化。疲劳在生产者身上的表现开始由肢体转向大脑，由过去的单一生理疲劳向生理和心理上的疲劳并存转化，导致了现代社会亚健康状况的出现。随着现代社会的竞争越来越激烈，不同程度地加重了人的心理负担，亦影响到了人的心理健康，体育运动当之无愧是促进人的身心全面健康发展的首选。所以，我们谈体育文化时，首先，体育文化是人类在生产和生活过程中产生的，是劳动者为了自身的健康，在全面和谐的发展过程中积极主动、有意识地参与自我锻炼的一种方式。其次，体育文化是生产者在参与各种各样的体育活动过程中，为了使生产者本人所参与的体育活动能顺利、有秩序地完成所形成或者制定的各种制度文化。从深层次上来说，我们可以理解为，体育精神文化是人们在参与体育活动过程中所表现出来的价值观、思维取向、审美观和民族自尊心等。还有一层意思是被物化了的体育文化，也就是人类创造的物质形式的存在，蕴含着体育文化内涵的物质产品。

  目前，学者们对体育文化概念有几种说法，在研究上也有一定的分歧。这种分歧有观察视角上的，也有认识上的，还有体育文化作为社会文化现象、社会发展大背景的影响等。但是无论体育文化怎样发展变化，体育作为一种社会存在的客观现象，一定有其自身规律性的东西可循。

  关于体育文化的概念有几种说法：一种说法认为体育文化是人类所创造的文化的一部分，是一种特殊形式的文化。这是一种从广义上对体育文化概念的应用，包含体育的物质文化、体育的制度文化、体育的精神文化三个部分。任莲香在《体育文化论纲》中解释："一个是体育，一个是文化。体育文化是以身体的活动为基本形式、以身体的竞争为特殊手段、以身体的完善为主要目标的体育活动过程中关于人的精神生活的那些方面。体育文化是人类生存的一种方式，是文化生活的组成部分和文明社会的显著标志。"卢元镇在《中国体育社会学》一书中对体育文化做了另外一种表述："体育文化是关于人类体育运动的物质、制度、精神文化的总和，包括体育认识、体育情感、体育价值、体育理想、体育道德、体育制度和体育的物质条件等。"冯胜刚则认为："所谓体育文化，就是人类在所有的体育现象及促进体育发展的活动中，在价值观念、精神状态、情感倾向等层面，在理论知识、方法手段、技能技术等层面表现出来的思维方式，与在有意识的实践活动中表现出来的行为方式的总和。"

  虽然关于体育文化的概念众说纷纭，不过归根结底体育文化还是隶属于文化范畴，对体育文化的研究应该包括对体育价值、体育观念、体育意识、体育心情等社会综合因素的科学探索。我们在对体育文化进行不断的深入研究和探索的同时，不应该忽略体育文化对社会的稳定、社会的发展及对社会文化的作用，这些都是我们在体育文化研究时应该注意的问题。

（二）体育文化的发展

随着我国改革开放的不断深入和经济的高速发展，老百姓的体育价值观发生了本质的转变，体育文化领域迅速发展壮大，不但中国体育文化的传统格局发生了改变，国民的人格在体育文化迅速发展过程中也得到了塑造，体育文化的发展对社会面貌的改变起到了积极的推动作用。近年来，世界范围内的体育事业不断发展壮大，尤其是拉美等国家的迅速崛起，伴随着体育全球化脚步的加快，对中国的体育事业不是一种撞击，而是一种撬动，更是一种契机，从而对中国体育文化的发展起到了积极的影响作用。体育文化应该朝着以下几个方向发展：

1. 体育文化必将走向全球化

经济的发展在走向全球化的过程中对每个国家来说都是一把双刃剑，它给一个国家、一个民族的发展带来了机遇，又使一个国家、一个民族面临着挑战，更为关键的是我们应该在这个机遇面前把握机会，迎接挑战。中国的体育文化发展目标是：创造出既具有中华民族特色又符合世界体育文化发展方向的新型体育文化。体育文化在全球化背景的影响下其发展必然也包含着多方面的体育物质文化，如体育设备、体育文化传播方式、体育商品生产等。现阶段我们的主要任务，一方面是在我国大部分地区投资建设大量的公共体育设施，丰富老百姓的业余体育文化生活。在发展我国体育市场的基础上，把着眼点放在世界体育市场上，快速发展我国的体育物质文化与精神文化，同时将与体育文化有关系的产品在世界范围内推广。在体育文化全球化的背景下，发展体育制度文化主要是探索在市场经济体制下，体育制度文化与运行机制的全新发展模式。与此同时，建立健全体育法规和体育立法体系也显得尤为重要。另一方面，体育文化产业为建立健全完善的体育制度文化做保证，体育制度文化的丰富和发展必须在体育文化产业发展的实践中升华，体育制度本身应建立在深厚的民族文化底蕴之上。

2. 体育文化定会走向市场化

目前，我国乃至世界的体育产业已经发展成为一个庞大的产业链，被称作当今的朝阳产业。在公众精神娱乐得到满足的同时，企业也获得了丰厚的利润。进入21世纪，世界范围内都在提升生活质量，体育已成为人们生活中不可缺少的部分，在体育方面的消费占了人们消费总额的很大比例，在社会群体中体育消费已经形成了一个庞大的市场。经济的高速发展、国民生活水平的不断提高，为体育产业建立稳固的群众基础提供了保障。社会大环境让体育产业形成了一种积极的态度，公众普遍参与到体育活动中来，热情高涨地观赏体育比赛为体育产业带来了巨大的经济利益。同时，现代竞技体育的快速发展，奥运会、世界杯、世界锦标赛等大型比赛所表现出来的高水平运动技能也是创造市场的关键。总之，在诸多因素的影响下，体育产业具有巨大的潜能，并已经逐渐显露出来。体育产业正在向人们展示它的独特魅力，在传播媒体的帮助下产生巨大的影响力，体育产业这个朝阳产业必将蓬勃发展。

3. 体育文化应该休闲化

当今社会人们把休闲体育作为一种时尚的社会实践活动，对于打造一个全面、自由、和谐发展的人来说是一种必不可少的重要途径。体育是文明社会的一种文化现象，体育人口越来越多，体育是健康、科学的休闲生活方式之一。其中，将休闲体育利用好了不但能够提升人们的生活质量，而且对促进社会文化发展有不可低估的作用，休闲体育已经成为人民健康生活方式的标志。休闲体育文化是中华民族传统文化与地域特色文化多年积淀的产物。在休闲体育活动中，参与者的价值取向能够从一个侧面表现出参与人所具有的务实特色。在参与休闲体育过程中人们的身体可以达到健康、快乐、有趣的目的，这是休闲者参加活动的主要动机。人们在参加休闲体育活动过程中，无论是心理上还是生理上都得到了一定程度的调节和释放，休闲体育活动对参与者的心理锻炼非常有效。我们应该积极主动地发掘休闲体育的特殊价值，为提高国民综合素质和社会的文明进步做出贡献。

4. 体育文化必将走向民族化

中国是由五十六个民族组成的多民族国家，五十六个民族都有自己的文化体系，传统的中国文化是一个包含多民族文化的集合体。中国体育文化的发展并不是要单纯地抛弃传统的文化，而是在传承、发扬中国传统文化的基础上，结合中国国情，寻求更大的发展空间。中国体育文化的发展不能跟着别人跑，要有自己的特色，而且要根植于民族传统文化的肥沃土壤之中，要在折射中华民族悠久文化思想的基础上凸显民族文化风格，本着整合民族文化风采和突出民族文化精髓的战略思想，才能彰显中国体育文化在国际体育文化中的地位，使中华民族立于世界民族之林，这也应当是中国体育文化发展的基本方向和准则。中国体育文化的发展应借鉴世界体育文化的精髓，要具有自己的特色，也不一定走与其他国家相同的道路，条条大路通罗马，千条江河归大海。纵观各国体育文化的发展过程，如果对中西方体育文化做一下比较，可以说"尺有所短，寸有所长"，正确的态度应该是去其糟粕，取其精华；古为今用，洋为中用。中国体育文化的发展需要寻求一种参与全球文明对话的世界化语境，在和谐的国际体育文化交流气氛中寻求更好的发展机遇。中国体育文化发展必须符合时代潮流和我国国情，以中华民族特有的土生土长的文化内涵为原始生长点，迎接新兴的体育文化潮流,由内向外地发展;同时,民族传统体育的发展也需要依托和借鉴现代竞技体育的现代化、科学化的平台,从而使其自身向着良好、健康、强大的方向发展。

三、体育文化传播的目的、意义

传播是沟通彼此意向,以达到统一行为的目的。传播的方式可因自然和社会环境的不同,以及文化变迁方面的差异,而出现完全不同的传播结果。体育文化的产生和发展有很大的原因在于传播媒介。随着时代的发展,传播的媒介也在发生着巨大的变化。从最早的狩猎传播、身体传播、信仰传播发展到现在的报纸、杂志、电台、电视、网络等传播方式。传播的不断发展和扩大,也使体育文化在不断发展和扩大。

体育文化的传播是一个非常复杂的问题,它涉及各个方面的因素,有类型、途径、影响和作用等。随着人类社会的发展,体育也在不断地发展和变化,新的运动项目总是不断地涌现出来,这些新项目最初产生的地方,可称之为体育的发源地。体育项目从其发源地向外扩散,进而广泛地传播。体育传播主要是指体育的地域移动,体育传播是人的一种社会活动过程。在现代社会,传播媒介越来越多,体育文化的任何方面均能得到广泛的传播,这是有目共睹的,也是历史发展的必然。

每一个民族的体育文化组成了体育的纵向发展,各民族之间的体育传播形成了体育的横向发展。没有横向发展,就没有纵向发展。所以每一个民族体育的发展,不仅有本民族体育传统中一切优秀遗产的纵向继承,还有吸收其他民族、其他国家体育中一切积极有益东西的横向吸收,二者必不可少。体育文化的发展实质上是一种体育文化借助于某种外来的力量与自身的相互作用铸造新的体育文化的过程。只要有人类活动就会存在体育传播,体育的传播建构与发展了体育的生存方式,它能够促进体育文化的发展。

从体育文化发展的过程来看,体育本身具有外向性和开放性的特点,这使其交流十分频繁,是诸多文化交流中较为突出的一种。体育文化交流的形式也是五花八门的。从历史的发展上看,主要有奥运会、贸易、传教、殖民、战争、旅游、留学、讲授、外交活动、移民等。它们往往是互相交错、相互促进、不断发展的。体育文化传播的主要目的是将体育文化纳入世界文化发展的轨道,使体育文化从民族性和区域性的交流扩展到全世界,这也标志着人类社会发展的进步和体育文化发展的进步。

体育文化传播作为现代社会的一种特殊文化形态,对社会的政治、经济、文化教育、商业等起到了巨大的作用。在政治上它可以振奋民族精神,激发爱国主义热情,提高国家在世界上的地位,加强各国人民之间的交流,促进各民族的团结和社会的安定。在经济上能够促进经济的快速发展。它已成为集体育、经济、贸易、文化等于一体的综合性的文化活动。一些民族性的体育文化项目,现在已不再是单纯的民族体育活动,已经发展成为全球性的体育活动。可见体育文化在现代社会中具有强大的推动力量，它作用于社会的各个方面，对社会的进步与发展起着不可估量的作用。因此，体育文化的传播将有非常广阔的前景。

四、体育文化传播的主要特征

在人类文明社会发展的历史长河中，人与人之间的信息传递对社会的发展有着重要的意义。随着沟通方式的不断发展，人们活动的社会范围也在由小变大，从封闭走向开放，由局部地区面向整个世界。体育文化传播在整个社会发展中又有着特殊的作用。体育文化不是孤立存在的，体育文化与人、社会、其他文化之间都存在着交叉作用，这种相互之间的作用会使体育文化的继承性、变迁性、交流性与创造性充分地表现出来。不同的体育文化之间，在交流过程中都是在用自己的文化魅力去征服其他文化的竞争对手，让对手也分享自己的优势文化资源。体育文化的传播本身也有其规律性可循。

（一）体育文化传播的选择性

体育文化在世界的发展过程中具有继承性和连续性。由于这种继承性和连续性的存在，同一民族在不同的时代，总会有共同的东西，这就使其体育文化的传播过程有选择地进行。人们总是对那些传统性的东西保留其精华，体育文化的选择性就表现在继承其有用的东西，去掉其糟粕。在现今的社会，物质文明和精神文明都高度发展，社会生产力不断提高，高科技不断涌现，人们对体育文化的选择范围也在加大。每个时代都有其特殊的物质生产方式，人与自然的关系、人与人之间的关系就存在了一定的特点和差异。因此，对体育文化的选择也就更加严格，体育文化中的精华部分，那些具有严格法律章程的、民族基础广泛的传统体育项目，在传播过程中就相对发展较快，并且传播得更加广泛，这同时代的发展是分不开的。

（二）体育文化传播的融合性

文化的融合是指两种或两种以上不同地域、不同国家、不同种族文化彼此借鉴、吸收、认同并最终融为一体的过程。文化融合促成因素之一就是传播的沟通交往作用。这种传播可能是自然发生的，如不同民族同居一地而逐渐形成的文化融合；也可能是由于侵略、战争等方式而发生的，是带有强迫性的文化融合，即强大的一方把自己的文化强加给另一方所产生的文化融合。

体育文化和其他文化的传播发展基本上是一样的，也具有融合这一属性。从历史的角度来看，随着时代的不断发展、工业化生产的出现、各种战争的爆发及科学技术的不断进步，体育文化的传播也在加速进行着。各地区的民族体育文化不断受到外来势力的冲击，各种体育文化之间产生了相互排斥、相互抵制的矛盾。一方面是想保持自己的传统性体育文化特色，另一方面则是想把本地区的体育文化发扬光大。在两种不同的体育文化观念的碰撞中，开始时彼此之间会互相排斥对方，甚至达到水火不相容的地步。但从观念到实践的整个过程中，双方又都在逐渐地相互融合，你中有我、我中有你，而这种融合往往是以强大势力的一方为主体，在其科学和理性思维上，对传统体育文化进行批判、改造和部分的吸收，经过发展逐渐形成各自新的体育文化。这种新的体育文化，既吸收了传统体育文化的新鲜血液，又表现出了民族的一些特点。各民族在这种体育文化的传播融合过程中，产生出独特技术风格的体育文化，从中找到了自己的立足之地。

不同民族的人们长期居住在同一处，在其各自的民族体育文化发展中，也在相互交流、互为传播，并且在不断吸收对方体育文化中自己所需要的那部分东西，最后形成了它们所共有的一种体育文化。这是一种潜移默化的文化行为，它反映在民族问题上是所谓的民族融合，而实际上是体育文化在传播过程中的一种相互融合。

（三）体育文化传播的双向性

体育文化发展的持续性和连续性还表现在，其建立在前辈的文化基础之上并不断发展变化，对已有的体育技能、技术不断地更新，对现有的体育设备不断改进，对现行的体育制度不断进行完善，依托各种体育规章制度进行社会实践活动，所以说体育制度是人类传播体育文化的重要保障。体育文化传播具有双向性，即体育文化传播可以促进体育的发展，反之，体育的发展也可以促进体育文化的传播。

随着人们生活水平的不断提高，在经济发达国家，大众性的体育文化已深入千家万户，日益受到大众传播媒体的广泛重视，报纸、杂志、广播、电视、网络等都有专门的大众性体育栏目。大众传媒已把群众体育文化报道作为主要的内容予以关注。如果你是一名体育爱好者，那么通过这些媒体可以轻松查找到自己所需要的、感兴趣的各种体育文化信息。

大众传播媒体在传播体育文化过程中使信息接收者对体育文化有了更深层次的理解，随着社会的不断发展进步，人们对体育文化的理解在观念上不断发生变化。在接受媒体的宣传及人们自身的参与感受过程中，人们渐渐形成了正确的体育观，深切感知到体育的创新与健康是紧密联系在一起的。社会的发展对人的素质有了更全面的要求，积极地参与体育运动会给人们带来良好的精神面貌和健康的体魄，为人们积极地迎接社会的各种挑战积蓄能量，这是体育文化带给人们的另外一个惊喜，也是人们之所以能够乐此不疲、积极主动、流连忘返地参与到大众体育之中的重要原因。由此可以看出，体育文化的传播与大众体育活动是互动的、相互促进的，其结果是双赢的。在体育文化传播的过程中，通过设立有趣的、内容丰富的、持续性强的大众体育栏目及必要的体育用品推广，可以为体育产业带来经济效益的增加，从而促进社会效益的增长。反之，对于大众体育而言，通过传播媒体的反复宣传，能够使越来越多的社会受众对体育的作用、功能、意义等有进一步的了解，人们对体育的认识逐渐提高，体育观念不断改变，从而主动地参与到终生体育活动中去，在全民健身活动中不断地塑造自我、改造自我。

（四）体育文化传播的多元性

现代媒体把整个世界连成一个文化传播的大平台，人们的自由意识已经复苏，在当今的体育文化传播过程中，某一种体育文化唱独角戏的时代已不复存在。从各个体育项目上来看，分割与对抗是没有出路的，那样只能造成各自体育文化的萎缩与消亡，这就要求大家应该有一种平衡包容的心态，承认多种多样的体育文化形式的存在。必须尊重各国的体育传统文化，研究各国各民族的体育文化内容，加强各国之间的体育文化交往，从观念上要彻底打破闭关自守、故步自封的思想，积极主动地参与社会文化竞争，不断吸收不同地区的体育文化的新鲜血液，以攻其自身体育文化的瘤疾。每一种在相对封闭地区发展起来的体育文化，都有其自身独到的长处与魅力，但同时也有其自身难以克服的惰性和缺陷，只有通过文化传播进行比较，相互激励，才能使其得到进一步的发展和丰富。现在的媒体传播范围越来越广泛，视野更加开阔，早已超出了历史上的任何时代，这就要求在体育文化传播的过程中，要有公平竞争的思想观念和勤奋进取的精神，要认认真真地吸收，不能随便放弃自己的民族文化，或让其自生自灭；相反，更要大力弘扬民族体育文化，大力发扬自己民族体育文化中的优良品质，从多元化的角度去看待整个世界体育文化市场，提取可供选择的因子来补充本民族体育文化的不足，在传播的过程中不断发展壮大。

（五）体育文化传播的开放性

所谓文化传播的开放性就是在现代媒体面前，人人平等。文化的产生和发展离不开传播，而文化的传播又是通过一定的媒体进行的，从口语传播到文字传播，从印刷品到电信传播，每次传播媒体的演进都会对文化传播事业产生深远的影响。在现代社会，体育文化传播具有其特殊性。体育文化传播是通过体育认识、体育情感、体育价值、体育理想、体育道德、体育制度和体育物质等诸多因素来实现的。体育文化在交流过程中受各种因素的制约，无论是政治、经济还是民族区域，都有可能限制体育文化的传播和发展，然而这些限制又不能阻碍体育文化的传播。随着科学技术的发展，全球化进程的主要动力来自日新月异的技术革新，世界市场的扩大和各个国家对世界文化的渴求，使文化的传播克服了自然空间的阻隔，日益自由地流动，体育文化的传播也借助着现代化的传播媒介，更加广泛地向世界各个角落进行传播。

人类社会生活的需求经历了从生存、发展到享受等几个阶段，每个阶段均离不开游戏的需求。人类喜欢游戏，并制定相应的游戏规则。游戏的形式很多，其较高的表现形式就是体育。体育运动源于游戏却高于游戏，它随着人类生活水平的提高也在迅猛发展，人们的体育生活比重逐渐增大，在发展到一定层次的时候就形成了更高层次的体育文化。在国力强盛的国家里，科学技术越发达，体育文化也就传播得越迅速。另外，现代科学的各门学科都在相互交叉渗透，科学文化的整体化趋势正在形成，现代科学技术的发展，能融合一系列的新技术，作为体育文化更具有这样的融合力。它可以抛开一切进入人们的现实生活中去，使体育文化的传播在现实生活中更加深入。因此，体育文化在传播上具有全球开放性。

第二节　体育文化与传播

一、体育文化拓展了传播载体

体育文化的起源是人类劳动过程中形成的超生物肢体的健全完善过程和超生物经验的传递交流过程。在不同的民族体育文化发展过程中，已形成了各自不同的体育文化模式（保持一种相对的结构方式及稳定性）。现代体育文化是以西方工业革命和文艺复兴运动为文化背景而产生的，它在谋求自身的培育和发展，增进健康和保持积极的心理、生理状态的同时，维护社会稳定、发展体育理想、培养体育意识。其主要包括群体性的竞技活动、个体性的保健活动及各种类型的娱乐活动。体育文化发展的主要动力在于传播上，文化的传播是人在社会活动中对文化的分配和享受，是人与人之间的文化互动现象，体育文化传播遵循着文化传播的规律，也有其自身的特点，它是以人类各民族文化交流为重要内容进行的。

体育文化的交流和传播都是双向性的，只有在传播中才能保证提高，才能够生存和延续，才能不断增殖，才能进一步地繁荣和发展。

体育文化的发展，首先，要依赖于体育教育。体育教育主要包括学校体育教育和终身体育教育两大类。体育教育对体育文化的传播主要表现在继承和延续方面。体育文化在传播中，从纵向看，要有系统性，要继承和发展本民族体育文化的传统，使之不致失传，这就需要从教育方面入手，打好基础。从横向看，体育文化又需要相互交流，相互补充，这样才能有所发展，有所创新，才能更好地发扬光大。

其次，体育文化的发展需要先进生产力的扶助，高科技的体育设备，先进的技术设施，这也是传播体育文化所不可缺少的一部分。

再次，体育文化的发展还要依赖于现代传播技术，只有高效的现代传播方式，才能使其更快、更强地发展起来，才能不被历史所淘汰。

最后，体育文化的发展还需要更多的人参与到体育运动中去。只有把体育运动推向大众，才能使体育文化源远流长，永不失传。

二、传播丰富了体育文化

体育文化的形成与发展一定程度上受传播的影响，这是显而易见的。传播对体育文化的影响，更深一层的意义体现在对整个社会的影响，因为体育文化是社会的一个重要方面。下面简单介绍一下传播对体育文化的几种影响：

（一）体育文化的融合

体育文化融合的内涵是指两种或者两种以上不同地域、民族、国家的文化彼此借鉴、吸收、认同并最终融为一体的过程。促成文化融合的因素之一就是传播的交流作用。我们可以感知到传播有时可能是不由自主的活动，比如不同肤色、不同民族的人由于共同居住在同一个地区，致使语言、文化互相渗透，从而产生文化融合。我们的祖先，原始部落之间的点滴文化感染、互相交叉传播是促进文化融合的重要因素。然而，另外带有强迫性传播途径的也是导致文化最终融合的一种方式。显然，文化融合最终是不能依靠强迫来完成的，仅依靠征服是很难消灭一种文化或强迫一种文化并入的，除非这种征服是文明对落后的征服。

体育文化融合的另一个侧面是文化的一种同化现象。文化同化是指两种文化通过彼此互动而逐渐趋于一致的现象。一般来说，先进的、文明程度较高的文化对落后的、文明程度较低的文化具有较强的同化作用。例如，在原始社会里，人们用跑跳、投掷、打击、游泳等手段来获取生活资料，当人们取得胜利以后，他们用欢呼、舞蹈来庆贺自己的劳动成果，以表达欢畅的思想感情。体操就是人们在原始舞蹈当中提炼出来的一种"身体按一定规律的操练"。它的发展融合了各个方面的需要，欧洲一些发达资本主义国家鉴于军事目的的需要，把体操与军事训练相结合。在训练过程中，人们除了形体训练之外，还要采用一些轻器械进行发展肌肉力量的全身运动，随着这种运动的不断发展壮大，体操运动在传播中逐渐活跃，从而推动了体操运动的进一步发展。

（二）体育文化的增殖

文化的增殖是文化的一种放大现象。文化在传播过程中会发生一系列的变化，其本身所特有的价值或意义会产生出新的价值或意义来，也可能是一种或者几种文化的受众面增加，那就要看这种文化的底蕴了。被传播的文化相对于传播前来说有某种增殖放大现象，这就是我们所说的文化的增殖。

传播给文化带来了增殖，这实际上也是传播媒介在传播过程中起到了催化剂的作用。它一方面表现在文化传播量的不断增长，另一方面表现为文化传播质的增加。量的增长主要指传播覆盖面的扩大，是指同一信息的发散性传播随着现代信息传播手段的发展而日益增强。例如电话、电报、电视、通信卫星等现代化传播手段的使用，使得传播的时间大大缩短，效率大大增加。某一地方发生的重大事件，通过通信卫星可以迅速地传向世界各地。在这里，我们把质的增加理解为信息在传播中价值意义的扩大，融合后的新的文化相对于融合前的文化会产生某种变革。中国的传统文化在传播中能否得到增殖与放大，取决于文化本身的价值意义、传播方式、传播途径及文化受体的状况。如果我们所传播的文化本身是落伍的，那么传播后增殖的概率是很小的或者说是不可能的。因此，文化本身的价值几乎可以决定它的增殖性。

文化受体对文化增殖的影响也很重要。当一种文化传播到另一种文化圈时，必须与其适应并受其影响，从而使原有的文化在一定程度上改变其价值和意义，产生增殖现象。

体育文化的增殖现象是极其广泛的，例如随着游泳运动的不断开展，人们逐渐感到运动项目太少了，比赛的内容也十分单调枯燥，于是就产生了要求开展一些更新、更有兴趣的水上体育运动项目的愿望。1860年，英国曾经流行两种非正规的比赛：一种是抓鸭子比赛。就是将鸭子放入水中，运动员下水追赶鸭子，谁先抓住鸭子，就算获胜。但是这种比赛由于残害动物而受到了社会舆论的谴责，被迫停止了。第二种比赛是人们将啤酒桶安上木制的马头，并标上赛马场上知名的赛马名字，将桶放到水里，人们骑在木桶上，手持长勺，用勺子打球，这逐渐发展成为现在的水球运动。

（三）体育文化的积淀

文化是用符号记录发生过的事情，是用符号积累已经发生的现象。符号沉淀的时间越久，文化就越深厚。人的生命是短暂的，一代人在历史的长河中只是一闪而过，但文化财富的积累可能是几百年甚至几千年。文化的积淀要通过几代人甚至几十代人的传播，因此文化的传承必然对文化的积淀起着重要的作用。如果文化没有这种历史的传承，世界文化都将终止和消亡。

传承对文化的积淀来说是动态的，一个地域、一个民族、一个国家的文化在传承过程中也会被不断筛选和淘汰，也会被不断地发扬光大。文化如何变更，取决于社会发展进步的选择。这种选择基于社会对文化的需求，传播则把这种需求变成现实。

体育文化的积淀现象是非常普遍的，现代竞技体育几乎每项运动的发展都是通过积淀而实现的。如排球运动最早起源于美国，当时只是一项球类游戏，人们分别站在网球场球网的两侧，用篮球胆之类的球托来拍击，当时击球的次数不限，出场的人数由双方共同商定，也不限多少，但必须双方相等，后来发展为限制人数和击球次数，最后发展成为组织比较严密、规则比较全面的现代排球运动。

（四）体育文化的变迁

文化变迁是指社会文化特质、文化模式、文化结构转变的过程。我国历史上的五四运动，提倡新文化，提倡民主与科学，对旧的封建文化进行摧枯拉朽式的革命，使得中国近代社会发生了一次较大的文化变迁。在这其中，传播起着重要作用。五四运动和新文化运动带来的社会文化变迁，与西方科学民主思想向中国的传播密切相关。没有西方先进文明的传播，就不可能形成五四运动的土壤。没有五四运动及马克思主义的传播与影响，中国也不会产生新民主主义文化。因此，传播是人类进步的主要推动力。

体育文化作为一种独立的文化形式，其作用是其他任何文化形态和现象所不能取代的。人类通过劳动改造和创造环境，同时也在改造和创造体育文化环境。体育文化环境与外在的自然环境不同，它包含人类个体生理环境，乃至社会群体的生理、心理环境。作为具有文化价值的体育运动，它是一种社会实践活动，也就是人能够全面、自由、和谐地发展，或者说人身心发展的完美展开和全面实现的活动，是个体人格和社会人格的和谐统一的过程。

三、传播促进体育文化的快速发展

传播是人与人之间、人与社会之间、社会与社会之间文化信息的交流与互动的过程。在整个过程中，传播始终存在着分享、增殖、变迁、冲突、调适和控制等行为。如何认识从分享到控制，取决于我们对传播的理解。分享就是获取他人成果，为自己生存和发展介入新的力量。而控制，从受传者方面来看，客观上是维系旧的文化状态，反对同化；从传播者方面来看，客观上是在扩大文化占有上的不平等。这种矛盾是一种无法克服的障碍，只有当控制不再是文化的主导方式，而在文化上互惠与帮助的时候，文化的传播才会充满和谐与秩序。

体育文化是人们对体育运动的认识、情感、理解，它的最大属性是群体性。几乎所有体育运动项目都是在集体协作下完成的。体育运动可以极大地满足人与人之间交往的需要，为人际交往提供一种有效交流的条件和机会，完成人性的归属。

传播对体育文化的作用是相当大的，体育文化只有借助"传播"这种介质做好宣传，才能得到更进一步的发展，才能使人们对体育文化有广泛的了解，让更多的人能根据自己的兴趣、爱好进行自由的选择。传播使体育文化走进千家万户，从而促进体育文化的进一步发展。

（一）从传播学的角度来看传播对体育文化的作用

1. 观察的功能

通过对社会各个方面的观察，可以向人们提供各式各样的新闻、评论和技术统计，即把各个地区的体育文化相互连接传送，使人们能够从直观的角度去观察它、了解它、掌握它，从而促进它的发展。

2. 组合的功能

通过媒体的传播，可以对各种信息进行有选择性的解释并加以组合。对于体育文化来说，它的活动内容基本上没有什么可以回避的，媒体可以用较为明确的态度表示赞成还是反对，或者是表扬还是批评。这就对体育文化提出了很高的要求，留住精华，去掉糟粕，最终使留住的精华能在各种场合加以推广，促进体育文化的发展。

3. 传播的连续性

通过传播，媒体可以将一件事情连续完整地报道出来。一些大众体育运动，通过传播形式传递出去，从而吸收更多的民众参与到这项体育运动中来，使体育文化进一步发展。

4. 具有互动作用

互联网的出现，打破了传统的大众传播媒体单向、千篇一律的格局，实现了信息的多元化、舆论的多元化。它可以从不同的角度，用不同的方式、方法向各个方面进行扩散。体育文化走向市场就是使各行业都来关心体育，关注自己的身体健康，也使他们借助某一项体育运动来宣传自己的产品，借助媒体的力量相互促进、蓬勃发展。信息时代的发展使生活不自觉地受到了很大的影响，体育文化也一样。

（二）传播媒体在影响和促进体育文化发展过程中的作用

1. 观念方面

随着社会的发展，传播媒体使人们对体育文化的理解更加深入，人们在接受媒体的宣传和自身的参与体验中，逐渐认识到体育文化的创新与健康是紧密联系在一起的，从而逐渐形成了正确的体育观念。受众意识到社会的发展对人的素质也有了更高的要求，于是更加积极地参与体育运动，最终对体育价值观也有了合理的定位。这是由于体育运动能使人们以更好的精神面貌、更强的体魄、更智慧的头脑去面对社会的挑战。

2. 参与方面

观念的变化能促进人们态度的转变，态度的转变可以激发人们积极主动参与体育运动，时时刻刻关心体育运动的发展。在科学技术发达和经济繁荣的地区，经常参加体育活动的人数已占到50%。在发展中国家，随着人们生活水平的提高，生活方式也在不断发生着变化，参与体育锻炼的人数逐年增长。有关调查表明，目前我国经常参与体育锻炼、关心体育新闻的人数已占到了32%以上，已有越来越多的人参与到体育运动的行列里来了。这表明在传播媒体的作用下，人们更多地了解体育、关心体育，同时也促进了体育文化事业的进一步发展。

3. 投入和消费观念方面

在传播媒体的积极宣传和带动下，社会各界对体育价值的认识在逐渐提高，体育设施的投入和体育消费也呈上升趋势。这里有政府职能部门的投入，也有大众体育参与者的积极响应。人们根据各种需要积极购买各种有关的书籍、报纸、服装、运动器材等，积极上网通过传播媒体来了解体育发展的崭新动态，从而也促进了体育文化的进一步发展。

传播与大众体育之间是互动的，其结果是双赢的。对传播媒体来说，通过设立精彩的体育栏目，使各种媒体的用户大幅度增加，传播更加广泛，体育产业将获得更大利益，社会效益也不可低估。对体育文化自身来说，通过传播媒介的大力宣传，能够使广大社会民众对体育的意义、作用、功能等方面加深了解，体育观念逐渐改变，可以更进一步激发人们积极主动地参与到体育活动中去，通过体育锻炼不断地塑造自我；反之也促进了大众体育、竞技体育运动的不断发展。因此，传播媒体对体育文化的发展影响深远。

第三章 体育文化传播与发展的历史进程

体育在产生与发展的过程中形成了一定的体育文化,而体育文化的形成为体育的发展注入新的活力,同时在体育的发展过程中体育文化的内涵也得到了不断丰富。本章就现代体育文化传播与发展的历史进程进行研究与分析。

第一节 体育文化产生的动因及社会根源

体育及体育文化的产生与发展与人类社会的发展有着很大的关系,而体育文化之所以产生有不同的动因以及深刻的社会根源。探究体育文化产生的动因和社会根源有助于我们更好地认识和了解体育文化,进而更好地促进体育文化的发展。

一、体育文化产生的动因

对体育文化产生动因的研究,首先要从人的需要入手。在原始社会,人的身体活动大致可以分为以下三种:一是人类的生产活动,如捕鱼、狩猎等;二是人类对抗大自然所必须具备的技能,如攻防、格斗、走、跑、跳、攀爬等;三是满足人的某种需要的行为或活动,如游戏、竞技、舞蹈、娱乐等。需要注意的是,这三种活动之间并没有明显的界限,很多时候都难以截然分开,体育活动的主体和客体都是人,人类自身的发展与社会发展是密切相关的。因此,我们在探讨体育文化的起源与发展时,必须考虑人的社会因素和自身因素。通过社会心理学的知识可知,人的一切行为都有着一定的动因和动机。所谓动机,就是指引起维持、推动个体活动以达到一定目标的内部动力。动力来自人的某种需要,如果没有强烈的欲望或需要,个体的动机也就无从产生。可以这么说,动机产生某种行为,在社会生活中,不存在没有动机的行为。

马克思认为需要是人类一切活动的激活剂。他说:"任何人如果不同时为了自己的某种需要和为了这种需要的器官做事,他就什么也不能做。"需要是人们一切活动产生的动力,如果没有生存和繁衍的需要,就不会存在社会经济行为;如果人们没有情感交流的需要,语言就不会产生等。由此可见,"需要"是人类一切活动的动因。

由以上分析可以得出这样的结论,体育产生于人们的生产劳动,但需要注意的是,仅仅认为体育文化产生于人们的生产劳动还是不全面的，因为原始人不仅需要劳动，还需要生活。人们有物质需要，但也有思想感情的交流、喜怒哀乐等情绪的表达，这说明体育也产生于人们的社会需要。将这些需要归纳起来，就是人们需要一个强健的、灵活的、有力的身体，参加各种社会活动，从而获取扩大各种活动的更大自由。

二、体育文化产生的社会根源

（一）体育文化产生于人们的社会需要

体育的产生来源于人们的生产需要和社会需要。人有多种多样的需求，除了生产的需要外，还有生理、心理、安全、娱乐、社交、信仰等各种各样的需要。这些需要都在一定程度上促进着体育文化的产生与发展。因此，纵观人类的整个发展史，舞蹈娱乐、医疗保健等活动都推动了体育文化的产生与发展。

（二）体育文化起源于人类的劳动过程

体育文化起源于人类的劳动，这是毋庸置疑的。但体育社会学的研究不能仅仅满足于这一简单的结论，因为人类的文学、语言、艺术等各种活动也产生于劳动，需要将体育文化活动同其他活动加以区别开来。

在考察人类起源时，首先注意到一种超生物肢体——手的形成。手的发达，表明人类已经发展了一种借助自然物延长自己肢体的能力，这种肢体可用来对抗并征服自然，从而实现自己的目的。手的形成也逐渐改变了人的其他肢体的形态和功能，如人的腿和脚不再仅仅起到支撑身体的作用，也可以用来掌握工具，进行劳动。人类的这些超生物肢体需要不断地健全和完善，提高活动能力，也需要不断地开发新的功能。因此，体育文化应运而生。

在人类从猿到人的转变过程中，人们超生物经验的积累也对体育文化的产生起到了重要的推动作用。这些经验不仅包括使用劳动工具，知识、技术、技能的学习和掌握，也包括情感体验和意志指向等。经过长期的发展，人们的社会经验越来越足，同时这些经验也得到了交流与延续。在语言产生之前，这些经验的交流、传播、延续，主要依靠体育文化来进行。这就是体育文化产生的根本原因。

（三）体育文化同体力劳动有着一定的差别

体育文化虽产生于体力劳动，但它并非劳动。劳动是作用于自然或其他物质，目的在于改造客观物质的自然属性。而体育是以人自身的活动改变人自身的自然属性和社会属性。在体育活动中，主体和客体是统一的。劳动的结果是产生使用价值，而体育运动的结果则是产生锻炼效果和竞技价值。因此，体育文化自产生之日起就逐渐与物质文化体系相分离，成为社会上层建筑的一部分。

第二节 原始体育文化的发展历程

一、原始体育文化发展的各个阶段

（一）旧石器时代早期的萌芽

在300万年至20万年之前的一段时间内，人类开始尝试制造并使用早期的工具用于生产生活中。这些生产工具既是改造自然的手段，又是人类自我防卫的武器。石块、木棍、骨头等工具的使用使得肉体结构受限的人获得了拓展活动范围和潜力的机会，这对于人类的发展具有革命性的意义，它无疑也为人类施展技能提供了更加广阔的天地。尽管这时已经使用了简单的工具，但仍旧认定这时的人类处于"猿人"的阶段。

在这一时期，人类已经形成了一些有意识的群体性身体活动，并出现了与生产劳动技能分离的劳动准备色彩的技能练习。而且，动物性本能也使原始人群开始拥有了由身心需要而构成的身体娱乐活动——嬉戏。这就是体育后来一直保持娱乐性和休闲性特点的起源，它为满足人们的需求而存在。

总之，这一阶段体育文化的主要特征表现在：火的使用不仅改善人的体质和智慧，而且拓展了原始人的活动方式，劳动中工具的使用附着了一些身体运动技能，原始人群和血缘家族使得技能传习成为可能，身心需要引发了一些以身体活动为方式的原始娱乐活动。这些因素标志着原始体育文化的萌芽。

（二）旧石器时代中、晚期的初步发展

在距离今天20万至1.2万年间的旧石器时代中、晚期，人类逐渐进化到"智人"阶段。此时的人类已经可以有意识地制造一定形状和规格的石器和骨器，与早期的人工制造的石器相比，这时的制作水平已经有了显著的提高。与此同时，原先为劳动做准备的身体活动逐渐成为独立的身体练习，氏族社会的形成使得群体活动更加具有规律和组织性，以身体活动为主要形式的原始教育活动日益稳定，生产分工在使劳动技能专门化的同时也造成身体活动技能的细化。在我国的这一时期，象征性的身体娱乐形式和原始骨针灸疗法的出现标志着原始人对自我养护意识和能力的增强。这是体育运动健身养生特点的最好佐证。

这一阶段人类发展的整体逻辑直接为体育的产生提供了条件。人类体质特征的逐步成熟形成了人类特有的运动系统和器官，大脑思维的进化成熟为原始体育萌芽提供了神经系统的协调能力和控制能力，劳动分工和氏族社会的稳定等社会因素成为原始体育萌芽的催化剂。这三大因素是原始体育文化萌芽不可缺少的条件。而这三大因素的成熟大致都是在晚期智人时期，即距今四五万年，这一时期成为体育文化萌芽的关键时期和主要时期。

总之，这一阶段体育文化的主要特征表现在：劳动实践的分工使得身体活动技能具有多种功能的意识出现，氏族社会的稳定使得原始体育教育活动形成规律，原始的身体娱乐和保健内容出现。这些因素标志着原始体育文化的初步发展。

（三）新石器时代前期的进一步完善

在距离今天一万两千年至五六千年间，人类在体质上已经成为现代人，除一直保留的狩猎传统外，还掌握了其他生产食物的方法，如粗放式的耕种活动。这一时期的石器磨制技术和复合工具大量出现使得生产力水平得到了空前的提高，剩余产品越发增多。人们在劳动中也拓展了身体活动的空间和能力，农业发展带来的定居生活促进了集体传习活动的规模化和规范化，游戏、舞蹈的大量出现标志着人类养生和娱乐观念和能力的进一步提高。

总之，这一阶段体育文化的主要特征表现在：纯粹的原始体育器械出现，相对独立的身体运动形式产生，身体技能的传习更具规范和稳定，游戏和养生保健活动（尤其是地方诸国）出现多样化形式。这些因素标志着原始体育文化的进一步丰富。

（四）新石器时代后期的完全形成

距离今天五千年左右的父系氏族公社时期，是人类从未开化的时代向文明时代过渡的阶段，因此是非常重要的时期。从氏族社会的后期开始出现了以争夺多种类型的资源和剩余产品为目的的原始战争，战争的出现使得以生产和娱乐为目的的身体活动逐渐"变性"，从而开始向着格斗性体育行为转变。例如，在体育运动中出现了弓箭、刀棍等武术器械与人体活动相结合的运动形式，附着于军事的娱乐和教育类身体活动得到发展，并且体现出为军事做准备或放松的目的，对身体素质、技能的要求越来越高，以培养和检验身体能力为主的"青年营"重视体育。原始的综合性运动竞赛，中国"导引按跷"之类的养生方式和仿生的肢体运动形式也出现。

总之，这一阶段体育文化的主要特征表现在：原始体育器械出现了形式和功能比较完备的体系，锻炼身体技能和愉悦身心的军事性的身体活动方式相对稳定，原始体育教育逐渐独立，且在内容和形式上日渐多样化；原始祭礼赛会标志着竞技运动的出现和原始体育的最高阶段。这些因素标志着原始体育文化的完全形成。

二、原始社会体育文化的发展因素

原始人类的生活与他们的体育形态有着密切的联系。甚至有学者认为，在早期的文明发展过程中，体育文化较早地得到发展，并在人类生活中发挥着重要的作用。可以说体育文化是人类文明的先古，探究这种联系是体育文化起源最基础和最实在的工作，否则便丧失了体育文化的物质基础。归根结底，原始体育文化，并不能称为一种成熟、完善的与现代体育相近的标准体育文化，它只是孕育了体育文化的某些内容。因此，这也就是将之称为"体育文化发展因素"的理由。

具体的原始社会体育文化发展因素有以下几点。

（一）原始形态体育器械的出现

人类对工具的使用是人与动物之间差异的标志。工具的出现是为了更好地进行生产和劳动。正因为生产工具的出现和劳动时大量的以身体运动为形式，使得后来体育运动的出现也有与之相类似的特点。也就是说，生产工具的出现和人类借助工具的生产行为为从事专门的体育器械制造和体育技能做好了准备，如在原始社会后期，人们会为了战争而专门制造搏斗器械和掌握一定的搏斗技能。工具是人类生产的物质基础，它作为体育器械的文化因子也为体育文化奠定了物质基础。工具的制作水平及其与体育器械的分离显然是体育文化发展的一个重要标志。

1. 旧石器时代的打制工具促使原始运动器械的产生

人类在旧石器时代早期主要使用打制的工具，主要有刮削器、砍砸器、尖状器和石锤、石钻等，少数地区还出现了骨器。这些工具分别具有不同的用途，刮削器主要用于刮削木棒、割治兽皮，砍砸器主要用于劈砍木柴、制造木棍，尖状器用于割兽皮和挖掘，石锤、石钻则是用于打制各种圆形或长形石器的基本工具。这些工具在人类劳动的过程中无疑也改变着人类的体质和技能，为体育运动打下了基础。人类在旧石器晚期又出现了雕刻器、钻头、石刀、石球、石簇、石矛等工具。人类用套在绳索上的石球投掷动物极大地提高了身体运动的能力；石簇的使用提高了弓箭的杀伤力，也对射箭提出了更高的要求；石矛成为投掷器，对投掷的力量和技巧要求提高。这些都是原始体育器械和技能的潜在基础。

2. 新石器时代磨制工具功能的转化促使原始运动器械的发展

这一时期的石器多以磨制为主，制造水平更高，骨器、角器、蚌器、木器、陶器也逐步丰富，既提高了原始人的生产能力，也为原始体育的发展拓展了活动空间和运动形式。上述工具的主要用途为渔猎生产、水上交通、农业生产、专用的武艺工具。弓箭的广泛使用和箭头的多种多样，射法的丰富（如弋射）为射箭项目提供了基础，石球作为游戏手段为日后多种球类运动提供了实物和思想启示，鱼叉和矛等投掷器械的使用使得人力量的准确性得到了发展。这些都直接或间接地为体育准备了条件。

总之，原始的工具和直接或间接体育器械可以分为远射类（弓箭、弹弓、弩等）、投掷类（石球、飞石索、矛、鱼叉等）、技击格斗类（棒、斧、刀、戈等）、护体类（匕首、护臂）、水上活动类（舟楫、桨等）、游乐类（陀螺、石球、鱼钩等）。这些工具的用途多样，要求的技能各异，对于原始人来说是一个全面的锻炼，为原始体育奠定了坚实的基础。

（二）原始聚落中体育活动和体育教育机构设施

居住场所对人类文明的发展有着重要的作用，这是将人从自然界中独立出来的行为。同时，它也为各种原始文化现象提供了实施场所，拓展了原始人的生活方式和文化创造活动，成为研究原始文化的重要内容。

1. 洞穴为史前集体传习活动提供教育基础设施

早期的原始人类居住于自然形成的洞穴之中。这种洞穴后来被人类改造，改造后的洞穴一般分为洞口、上室、下室和下窖。其中，上室是住处，一般适合十几个人住，如北京的山顶洞人就居住在这样的洞穴。原始人居住的洞穴不只是休息的场所，也是打制石器和以身体活动为主要形式的教育和传习活动的场所。例如，西班牙的一个原始洞穴的壁上发现大量的野牛、野猪等形象，据推测是原始人进行狩猎教育的遗存，其中很可能蕴含着身体活动的传授。这是原始体育教育的萌芽。

2. "公共广场"为史前集体传习活动提供教育场所

原始人在氏族社会里的公共活动场所被称为"公共广场"，这是原始人居住方式进一步固定的结果，也是原始人集体活动兴盛的反映。体育教育活动成为其中主要的活动内容。原始聚落一般大小为5万平方米左右，其中设在中心的公共广场和居住区为2万~3万平方米，估计居住400人左右，有100所左右房屋。具备了进行活动的规模和条件。世界各地的原始人几乎都有自己的公共广场，其中也进行大量的身体教育和娱乐活动。如中国五帝时代出现名为"成均"的教育设施，弗吉尼亚地区的波苗克部落16世纪末仍然处于原始社会，他们就在公共广场进行娱乐活动。

3. "大房子"为史前集体传习活动提供教育机构和设施

氏族部落的大房子主要有三种类型：在聚落区的中心区设置的公共活动用的大房子；在聚落区中心设置公共广场的同时，在聚落的每一个集居区又设置一个供本氏族成员集体活动的大房子；综合前两种的设置。这些大房子作为原始人的集体活动场所，既为原始的体育教育和娱乐等活动提供了物质基础，也为这些活动的组织方式和运动方式奠定了基础。对于以后体育文化的发展在各方面都留下印记。

(三)原始医学对保健体育的推动作用

早期人类寿命极短,史前医学作为最初的身体和生命养护观念和形式,每每直接反映在身体活动形式中。

1. 史前预防医学促进原始保健养生的发展

史前预防医学主要反映在火的使用与饮食的改进、衣着的进步、婚姻形态的演进、居住方式和环境的改善等方面。人类在这些生产和生活的各个方面采取了一些顺应时令和地理条件等保护身体的措施,有些指向以身体运动形式,如导引的方式表现出来。这些内容虽然属于预防医学,但它是日后养生保健体育的雏形。

2. 砭、人面鱼纹是原始气功养生的见证

砭,即硬石,是后来的针石,是一种原始的医疗工具,一般制成粗端三棱锥体,细端圆锥体。主要有两种用途:一是外治,做割治用;二是内在,即针灸。西安半坡的文物中有不少人面鱼纹的陶盆,描绘了原始人进行气功的形态,这说明原始社会已经出现了调养身体的气功,是原始体育文化不容忽视的重要内容。

(四)原始舞蹈对身体技能训练和娱乐的促进作用

闻一多在《说舞》中指出:"除了战争外,恐怕跳舞对于原始部落的人,是唯一的使他们觉得休戚相关的时机。它也是对于战争奠定最好的准备之一。因为操练式的跳舞有许多地方相当于我们的军事训练。"通过这种表述可以了解到,对于原始和古代的人类,在战前誓师、预祝或庆祝胜利时而欢乐歌舞是非常重要且平常的事情。其不仅可以起到训练战斗技能的作用,也可以从中达到使人们在娱乐中放松身心的目的。所以,在这些战争舞蹈中,我们看到了史前人类积蓄的体育文化因子——健身、身体活动技能和身体娱乐。

(五)原始体育文化的基本特征

1. 原始性

之所以称之为"原始社会",就在于无论是物质和观念,还是人的体质和技能都处在一种古老和落后的位置上。当然,这是与现代社会和现代人作为比较对象得出的结论。这些原始和古老就使得原始体育文化在内容和形式上只能是原始社会落后的生产力和生产关系的反映,而这也是与其自身条件相适应的。

原始体育运动中使用的运动器械从最初的石制工具到后来的复合工具,从石球到矛,尽管它在逐渐变革和优化,但仍旧与今天的高科技体育器材的品质和质量相去甚远。类似的事例还有如原始体育的山洞传习到进行集体活动的公共广场和大房子无法与当今容纳几万人的体育场馆媲美;原始体育的落后的投掷、跳跃、奔跑姿势和技巧与今天的运动员和初学者相比也尽显其简单；原始的氏族公社与今天体系完备的体育组织也无法媲美；原始人在祭祀仪式中和劳动之余进行身体锻炼和娱乐活动的目的比起今天担负人类体能极限重任的运动员和追求身心并完的普通体育参与者来说是何其落后。一句话，原始体育文化的第一性状就是它的原始性。

2. 平等性

虽然原始社会的各方面发展都处在初级和落后的阶段，但是经过研究可以发现，其中有一点是非常值得肯定的，那就是在原始社会阶段中人与人之间的平等性关系。

从原始社会以后，人类社会的发展一直不能摆脱阶级性的束缚。在阶级性存在的环境下，没有绝对的平等可言，甚至在非常注重公平、公正、公开的体育运动中也不能完全摆脱。人们在参与体育的物质条件、参与体育的权利、参与体育的地位等方面的阶级差异使得体育文化的发展也千差万别。原始体育文化则不是如此，他们没有地位高低之别，在体育的内容和形式上享有平等的条件和权利。除了性别、年龄和分工的差异以外，原始体育文化体现的是一种歌舞升平的祥和气氛。当然，这种平等是建立在落后的生产关系基础之上的。我们同样不能对这种原始的平等大加赞赏而去批驳文明社会的体育文化。

3. 模糊性

原始文化的一体化已经被几乎所有的学者认同。在混沌初开的自然界和先民的物质、精神世界中，为了生存的原始人类从事的各项活动都体现了一种原始人的生命意识。如果要说大量的原始活动有同一目的的话，那无疑是统摄一切的生存。除此之外，再也难以在纷繁的原始活动中找到一种纯粹的活动，难以找到一种单一目的的活动。正因为如此，今天的研究者往往在同一个活动中找寻到自己研究对象的源头。

4. 渐进性

史前人类的进化历程长达几百万年，从类人猿到早期、中期、晚期智人，从未开化的人到完全形成的人，体育文化伴随着他们走过了漫长的发展道路。一方面，体育文化的物质基础随着原始生产力的进步而改善；另一方面，原始人意识的发展为体育文化观念的演化提供了精神基础。人类每前进一步，都不难看到体育文化的进步。从直立行走到火的使用、工具的进步、居住设施的改善……体育文化在原始文化的不断创造历程中也完善和发展起来。这种进步的渐进性是原始文化演进历程的一个缩影。

第三节 现代体育文化的发展

一、体育文化发展的基本概况

1. 体育文化的发展是一个长期、艰苦的过程

社会发展在很大程度上决定着体育文化的发展情况。具体来说，没有一定的社会发展、一定的生产方式，就不会产生与此相适应的体育文化。社会发展本身就是个长期、艰苦的历史过程，因此，体育文化循着这一历史过程不断产生复杂的演变并不是一种偶然，而是存在着必然性的。从原始体育文化逐渐发展为奴隶社会体育文化，再进一步向封建体育文化、资本主义体育文化的发展，不管哪一个方面，都必须经历漫长而痛苦的过程，才能取得一定的发展成果。

体育文化的发展需要有一定的文化资料的积累作为基础。通常来说，积累越多，基础越雄厚，体育文化的发展也就越快。鉴于此，体育文化呈现一种繁荣发展和加速发展的趋势。人类越来越深刻地认识到体育文化的各种功能，共同去推动体育文化的发展，这就是导致其繁荣发展的根本性原因；而体育文化积累的增加、交融的加快，则是其加速发展的根本原因所在。在原始体育文化时期，发展速度往往以几十万年为计时单位；而近现代社会体育文化的发展速度大大加快，在几十年，甚至十几年中，就会有一些重大的变化发生。通过对体育文化在发展中的这一趋势的认识不仅能够清醒地意识到发展当代体育文化的长期性，也能对它的紧迫性有充分的把握。

2. 体育文化传播为体育文化发展提供动力

文化传播不仅是人在社会活动中对文化的分配和享受，同时，其也是人与人之间的文化互动现象。体育文化遵循文化传播规律，与此同时，也将其自身的特点充分体现了出来。可以说，体育文化传播是人类各民族文化交流的重要内容。体育文化正是在这种传播交流中才得到一定的发展，并且逐渐趋于繁荣的。

这里要强调的是，体育文化的交流和传播并不是单向的，而是双向的。但是同时应该注意的是，高势位的文化往往会更容易流向低势位。在体育文化的传播中，本位文化对外来文化的消化和吸收能力是非常重要的因素之一。如果一个民族的体育文化有着较强的消化吸收能力，那么就可以说其也具有较强的对外来文化接收的能力。

3. 体育教育是体育文化得以传递的主要方式

这里所说的体育教育主要包括两大类：一类是学校体育教育，一类是终身体育教育。继承和延续是教育对体育文化传播的重要表现形式。必须将体育文化纳入教育之

中，是教育的需要，同时也是体育文化的需要。从本质上来说，这是人的需要。

4. 不同民族的体育文化在发展过程中形成的文化模式也有一定的差异性

体育文化模式是在一定的文化生态环境中长期形成的。西方体育文化与东方体育文化这两种模式是不同的。在西方体育文化中，欧洲大陆体育与美国体育这两者模式有一定的相似之处，同时也有一定的不同之处。同是欧洲大陆体育文化，斯堪的纳维亚的冰雪体育文化和希腊半岛的海洋体育文化也有着较大的差别。

不可否认的是，体育文化模式也并非一成不变，随着历史的发展、科学的进步及外来体育文化的影响，其也是在不断发展、变化着的。其中，比较具有代表性的是长期以民族传统导引养生、武术技击为主的中国体育文化模式，在近现代欧洲竞技体育影响下，有了更大程度的发展。

二、现代体育文化的发展历程

体育文化经历了较长的发展历程，在这漫长的发展历程中，体现出了体育文化发展的相关因素及特性，具体如下。

1. 从体育的演进历程来对体育文化因素的凝聚进行分析

(1) 人类社会的演进对体育提出了必然要求

在自然经济时代，人群内部人与人之间及人群与外部自然环境之间的关系是相对稳定的，生产能力的增强也在一定程度上改进了人类生活的质量，闲暇时间也随之增多，技术的进步和国家的产生使得专门从事艺术和军事的职业人士开始出现。相对自立的家庭、家族、村落、庄园等也造成了自然经济社会中人们在空间结构上的封闭性和时间结构上的简单重复性，由此传统体育生活方式中体育活动的地域性和民俗性，体育组织结构和运行中的宗法性、血缘性以及对军事和宗教等的依附性也都逐渐形成。工业社会使社会生活变革的进程速度骤然加快，使体育生活的面貌有了较为全面的改变，进而形成了大范围的频繁交往，高度普遍化和个性化、文化教育高度发达和普及的社会生活。

近代科学的进步使得人的身体、人的生活、人的运动成为科学研究的对象，这也在一定程度上为体育文化的发展奠定了坚实的理论基础。国家生活的主体由少数贵族转变为大多数民众，使得现代体育的生存和发展拥有了更加完备的基础。体育已经不仅仅是贵族圈子和民俗的一部分，其已经逐步走向世界，向着更加广阔的方向发展。

发展到现在，体育文化已经呈现出了较为显著的发展特点，具体来说，主要表现在以下几个方面：第一，体育文化中原始性的内容已经越来越少了，取而代之的则是非常现实的现代性元素；第二，原始的平等在现代体育文化中仍旧存在，但从平等性的"质量"上来看，原始体育文化的程度已经不可能再回去了，但新式的民主和平等观念却已经深入人心；第三，尽管原始的经验性和模糊性还有遗存，但是科学和理性已经对体育文化产生了一定的影响；第四，尽管表现出了原始社会体育文化的渐进性，但曲折中的前进正在成为体育文化向前发展的逻辑理念。

随着现代社会的不断发展和进步，现代体育走过了一段不平凡的里程，这主要从两个方面得到体现：一方面，是从民间游戏和竞技的整理与改造阶段到业余和职业体育俱乐部的产生；另一方面，是从国家单项体育协会和国家联合会的出现到国际单项体育组织与国际综合性体育组织的建立。在这个过程中，工业革命为体育传播提供了强大的能量，世界各国的经济发展也进一步推动了体育传播的广泛和深入。现代体育传播的推动器是政治和经济，日新月异的传播媒介的发展也使得体育传播的速度进一步加快。

需要强调的是，在人类科技和文明高速发展的今天，机器人的出现和生物工程人的孕育正在对体育文化的面貌产生着潜移默化的影响，电子游戏和电子竞技的兴起赋予人类体育文化新的挑战。在这样的情况下，以精细的运动感觉甚至手脑协调能力为基本要求的体育项目正在成为新宠，同时，以前在观念上和现实中遥不可及的以生物工程锻造参加体育竞技的特殊人也逐渐走入人们的视野中。在文化学研究有关超人类主义和后人类主义的主题讨论中，机器人健将和生物工程运动员受到越来越多的关注。

(2) 人类发展的逻辑为体育创造了充分条件

文化的产生与人类的产生是相随进行的。文化的产生有着非常深远的意义，它意味着人的结构因素的齐全和完备，是人完全形成的重要标志。体育文化与人具有天然的联系。究其原因，主要是由其以人为核心，将起点、实现方式和具体目标都指向人自身。从人类的起源出发，能够将体育文化的起源充分揭示出来。人类在自己的物质实践和精神实践中，在自身繁衍与人类文化的传承、演化中，逐步孕育了体育文化的因子。

体育运动的形式发生变化，体育文化也会随之有相应的变化。最初的体育形式以徒手表现技艺为主，后来逐渐发展为使用各种体育器械，甚至是人与动物协作完成体育目标的形式。这对于人类本身及其文化的发展来说，都具有非常重要的意义。

人类历史上不同时代出现的体育文化形式，其主要目标都是在这样的演进过程中使人的驾驭外在工具的能力得到有效提升。在人类生存和发展的强大需求下，体育文化获得了发展和进步的动力与源泉。

在下列的逻辑序列中，能够寻到一些体育文化发展的历史足迹。

第一，从人类不断进化的思维观念方面来说，在历史上的体育活动中，人类近乎自然意识到自觉意识的进化促生了体育文化。

第二，从体育形态的物质基础的逐步丰富方面来说，是部分工具从其多功能的形式向体育方式的单一器械功能转化及专门体育设施的出现。

第三，从体育的活动内容和形式方面来说，是由初期的形式单一的活动内容向后来成熟的具有多种形式和丰富内容的体育文化体系的方向发展。

第四，从体育形态的完善程度方面来说，是由初期的与其他文化形态的混合发展向后来日渐具有独立性因素的文化类型演进。

总的来说，体育文化就是在这样的情况下，经由社会的推动进入了现代文明的行列中，并且成为一支独具魅力的文化生力军的。

2. 从体育的逻辑演变方面来对体育文化特质的整合进行分析

(1) 现代人对体育运动的认识与掌控方法的发展

在当今人类的社会文化宝库中，科学、哲学、艺术以其独特的地位和价值逐步成为人们知识结构中不可缺少的组成部分，甚至还有一些学者将它们提升到人类把握世界的方式层面上。作为人类健全文化的典型代表，体育文化是不能没有这些文化成果的渲染与把握方式的锻造的。

不管在形而上还是形而下的层面上，体育的人文内涵和文化特性都将自身与人类精神实质的契合进行了标示，人们可以在各种不同的层次上对其进行哲学思考。导致精神实质上的契合的原因有很多，大致可以将其归纳为两个方面：一方面，是由于社会和自然各结构元素之间不是孤立存在的，往往在其发展过程中是有机的整体部分，换句话说，就是这种一致性或同一性集中在某种特定过程的集合体中得到充分的体现；另一方面，这种一致性或同一性的认识是以比较的结果和价值的认同为基础的。

总的来说，体育在自己的发展过程中不断获得来自其他人类文化成果的抚育与熏陶。对体育的技术和生物运动特色、教育和社会特性的认识已经基本完成，当前，体育正处于文化向艺术过渡的阶段。换句话说，就是体育的生物物理观、教育社会观正在逐渐向着文化艺术观过渡。可以说，这是体育本身合规律性发展和人类体育认识合目的性发展的结果。

(2) 现代人对体育运动的组织与管理方法的认识

在这样一个关键的高度知识化的转型期，对从事体育工作的人们增加人文知识储备、改善知识体系结构、更新思维方式、转变体育观念有着较为迫切的需要。不管是体育院校师生和体育部门工作人员，还是体育新闻工作者和一般的体育爱好者，都必须在社会文化转型的关键时期不断接受体育方面的人文锻造，否则，就会对体育文化的转型产生一定的制约作用，从而丧失对转型时期体育特质的把握机会。需要强调的是，这不是简单地将体育人文知识引入进来，增加体育人文社会科学知识的含量，而应该是对人们以文化观体育的思想意识和习惯进行重点培养，进而转变思维，对操作体育的视角进行准确的把握。

当前在世界范围内,具有独立的政府体育行政管理部门的国家和地区有大约70个,其中,有大约一半是主要由民间社团管理的。

各国和地区对体育认识的差异性导致了这种对体育的组织和管理模式的形成,换句话说,这也是不同历史背景和时代环境中体育制度适应性改造的结果。

三、现代体育文化的发展趋向

现代体育文化的发展呈现出的趋势,主要体现在以下几个方面。

1. 体育文化的国际化发展趋势

在东西方体育文化的交融中能够在一定程度上将体育国际化的发展方向体现出来。大型的赛会不仅为这种体育文化的交流提供了较为良好的机会,也为东西方体育文化的交融提供了理想的舞台。这就在一定程度上对体育文化的发展起到了积极的促进作用,从而使体育文化得到较好的发展。由于世界统一性和系统性的存在,各民族要交往,在这样的情况下,体育就成为一个良好的媒介,为此提供了很好的机会,不同国家、民族、文化在体育舞台上往往会发生交流、碰撞、整合。尽管这种冲突存在着一定的消极因素,但同时其也存在着积极的因素,从而为体育文化的发展奠定一定的基础。如奥林匹克文化已经被世人承认,那么奥运大家庭就会不断扩充,而且许多国家和地区的一些特色项目也通过奥运会逐渐走向世界。因此,可看出体育文化正在朝着国际化的方向发展。

2. 体育文化的"人文化成"创造性发展趋势

自然、社会、人是人类文化的三个作用对象,它们并不是独立的,而是交织在一起的。人在社会的存在,同时具有自然属性和社会属性两大属性。体育文化是通过肢体运动体现的一种文化形式。这种文化具有较为显著的特点,具体来说,主要从以下两个方面得到体现:一方面,满足有机体需求为目的,并在此基础上通过对人自然属性的改造来对人社会化进行塑造,同时它的精髓与感染力也在较大程度上影响着人类的物质与精神世界;另一方面,它不仅与人的心灵与情感有着一定的联系,同时也在一定程度上影响着人的意识与行为,而且在社会中的体育活动也被赋予各种价值。人类通过文化的创造过程(所谓"人文化成")为自身创造独特的生存世界,并因之发展完美人类自身。体育的形成本身就是人文化成创造的结果,人类创造了体育文化,体育文化也在一定程度上促进人类自身的发展,在体育文化产生和发展过程中贯穿着创造这条主线。由此可以看出,对自然现象不断认识、改造、点化、重组和创造的历史,就是体育文化发展的历程。

3. 体育文化重健身、完善人类自身的发展趋势

发展完善的人体是体育在文化中所实现的根本物质产品。体育文化中表现出来的

最高精神产品，就是人的智慧。在文化结构中，体育是人类全面和谐发展的重要成分，人类通过参与体育文化塑造活跃的人体，在物质与精神综合的文化意义上人体的健美便是顶点。从原始人的活动中，体育就已经开始逐渐起源并发展，如为了生存必须掌握一些走、跑、跳、投的技巧，还有一些与生活相关的内容，如祭祀、狩猎前和欢娱时的舞蹈，实际上，这些活动都属于体育活动的范畴。伴随第一届古代奥运会的开幕，人们的价值取向已经发生了较大的变化，人们对参赛者引起了重视，并且将冠军视为英雄。在这种狂热的追逐中，也使得体育文化的内涵发生了一定程度的变化，充分体现出了其重竞技的特点。在这样的环境下，不少选手为了从比赛中获取利益，不惜铤而走险，通过各种卑劣的手段取得胜利，这时候体育的异化现象开始出现。但是，随着社会的进步与人们认识水平的提高，人们对人体健美的重要性的重视程度越来越高。同时对于体育是增强体质的有效手段引起了高度的重视，所以大力推广体育健身，从我国推行的《全民健身计划纲要》中就能够得到充分的体现。当前，"健康第一"已经成为现代学校体育的终极目标。

第四章　国内外体育文化发展现状

关于体育文化的研究，我国与国外相比还存在一定的差距。总体而言，国外关于体育文化的研究涉及方方面面，其研究内容、手段与方法比较丰富，研究的结果具有较强的可信性，而我国的体育文化研究，有时候在论据上存在一定的不足，导致研究结果难以令人信服，这就需要相关专家及学者参考和借鉴国外研究经验，以提高自己的研究水平。本章就主要分析一下当前国内外体育研究的现状，以使人们了解当前我国体育文化研究的形势。

第一节　我国体育文化研究的发展历程

关于我国体育文化研究的时间还不长，在很多方面还存在着较大的不足。一般而言可以将我国体育文化研究的历程分为三个阶段，即初期发展阶段、萧条期发展阶段和快速发展阶段。

一、初期发展阶段

从 20 世纪 80 年代中期开始，我国体育界开始从文化学的视角来审视中国体育的发展，这引起了诸多专家与学者研究的兴趣。学者冯之浚、高尔泰、金大陆、郑也夫等人也纷纷在体育报刊上发表有关体育研究方面的文章，并积极参与各种体育文化研讨会，在会上提出了有关我国体育文化发展的宝贵的建议和看法。与此同时，我国体育学界的学者程志理、解毅飞、郝勤、张争鸣等人也加入其中，对体育文化展开了进一步的研究。这些都有力地推动了我国体育文化研究的兴起与发展。

进入到 20 世纪 80 年代后期，一大批年轻有为的中青年研究者也开始加入体育文化研究的大军之中并逐步成为研究的主力，对体育文化的研究涉及诸多方面，取得了一些可观的研究成果。与此同时，在这一时期，一些体育杂志也紧跟时代的发展潮流开设了体育文化研究专栏，这为体育文化的研究发展提供了良好的基础。这一时期，除了江苏省的《体育与科学》杂志外，还有国家体委的《体育文史》《体育论坛》，陕西省的《体育世界》和北京市的《五环》等。这些体育杂志都非常关注体育文化的研究，为我国体育文化的研究做出了突出的贡献。

在这一时期，除了学术著作和杂志外，也时常举办一些关于体育文化研究的研讨会，研讨会的举行对我国体育文化的宣传起到了重要的作用。1996年第一届全国体育与文化学术讨论会在成都体育学院成功举办，与会期间有不少体育文化的学术论文被与会专家所探讨，并且以墙报的形式进行了沟通与交流。在这之后，大量的有关体育文化研究的文章不断涌现，出现了一股体育文化研究的热潮。这一时期，大多数学者就体育文化的概念问题达成了一致，普遍认为：体育是人类在社会实践过程中所创造的产物，它本身就是一种文化现象。

二、萧条期发展阶段

在20世纪90年代初期，受社会政治、经济、环境等各方面因素的影响，社会文化研究陷入了低谷期。在这一时期，体育文化的研究比较萧条，很多学者对体育文化研究的关注度开始降低。总体上而言，大部分体育科普杂志从开始的比较注重体育文化品位转向宣传足球、篮球等容易吸引读者的项目。很多杂志刊物在市场经济的冲击下，在经济利益的驱使下，忽视了体育文化的宣传，将精力转移在如何盈利上面，这就造成了体育文化研究的萧条。在这一时期，"弘扬人类崇高体育精神、宣扬体育的文化价值"成为一句空话。但是即使这样，在这一时期仍然出现了一些体育文化研究的著作。如旷文楠主编的《中国武术文化概论》、胡小明主编的《体育人类学》，以及卢元镇主编的《体育的社会文化审视》等都是非常重要的体育文化研究成果。这些专著集中体现了作者对体育文化深层次的认识与见解。但需要注意的是，这一时期对体育文化的研究大都集中于体育文化的概念、内涵等表面，而关于体育文化理论更深层次的研究却比较欠缺，尚未形成一个体育文化理论研究体系。

三、快速发展阶段

20世纪90年代后期，我国政府开始重视对体育文化的研究，将文化与经济、政治的发展放到同等重要的地位进行发展。在这样的背景下，中国在这一时期又呈现出"文化研究热"的繁荣景象，为体育文化研究的快速发展奠定了良好的基础。

在这一时期，体育文化研究的著作不断增多，对体育文化概念与内涵的研究更加深刻而具体，体育文化的学科体系建设有了初步的发展，体育文化理论体系的研究也初现端倪，大量的体育文化研究著作相继涌现出来，如闻昊主编的《体育文化学概论》、易剑东主编的《体育文化学》、伍晓军主编的《体育文化学》等都是关于体育文化研究的重要资料。除此之外，在这一时期对体育亚文化的研究也取得了一定程度的进展，如校园体育文化、民族传统体育文化、中西比较体育文化等方面都取得了不错的研究成果。

综上所述，就是我国体育文化研究的大体发展历程。研究体育文化发展历程的目的在于从根本上把握当前体育文化的研究现状，结合体育文化在不同时期的发展，找出当下体育文化发展的不足，并提出解决的对策。

近些年来，关于我国体育文化的研究呈现出前所未有的发展状况，这种情况固然可喜，但需要注意的是，人们对于体育文化的研究仍然欠缺一定的深刻性，尤其对于体育、体育文化及文化三者之间的关系的研究还很不明确，这些问题都需要进一步研究和解决。

第二节　国内体育文化研究的现状

自从 20 世纪 80 年代中期体育文化引入中国以来，在经历了一段时期的萧条之后，20 世纪 90 年代后期中国体育文化研究进入了一个新的阶段。这一时期由于我国重新审视了关于马克思主义的"文化生产力"论断，政府有意提升文化的地位，对其进行宏观构架，所以在我国体育领域呈现出了"文化研究热"，国内有关体育文化的研究越来越多，并且这些研究成果已逐步科学化，促进了体育文化学科的建设。而且体育文化的研究领域不断扩大，如有相当规模的人在研究校园体育文化、中国民族传统体育文化、中西体育文化等相关亚文化。但也有不足之处。总体而言，我国体育文化的研究在短时期内得到了快速的发展，其原因主要有以下两个方面。

第一，体育方针政策的确立。1949—1966 年为了打好坚实的基础，中国确定了发展体育的各项方针、政策，中国体育进入了艰苦开拓的初步发展时期。

1949 年制定的《共同纲领》规定"提倡国民体育"，国家提出"体育是文化教育工作的一部分"等口号。毛泽东同志提出的"发展体育运动，增强人民体质"为中国体育工作指明了方向。1954 年 1 月，中共中央做出指示，将改善人民的健康状况，增强人民体质作为党的任务。

第二，体育管理制度的确立。中华人民共和国成立初期，第一个全国性体育组织"中华全国体育总会筹委会"成立。中华全国体育总会在 1952 年 6 月于北京成立，其宗旨是"推进国民体育运动"。1952 年，中国体育代表团赴苏联考察，回国后，荣高棠和马叙伦分别上书党中央和政务院，建议统一全国的体育运动事务。

为了协调发展我国的体育事业，1952 年 11 月 15 日，"中央人民政府体育运动委员会"（后来的国家体委）成立，贺龙为委员会主任。从此，体育运动成为政府的重要工作。与此相应，各级政府均逐步建立了各级体育运动委员会。在 20 世纪 50 年代，全国逐渐形成了以中央体委为核心的体育管理，国家行政系统的体育管理部门、参与体育管理的社会组织系统、军队的体育管理系统这三大组织系统。它们互相补充、配合，共同推动全国体育事业的发展。

一、中国体育文化研究的角度及其状况

中国体育文化研究已经有三十多年的历史了，其研究的范围和研究的内容不断拓展和深入。总体而言，主要有以下几个方向的研究角度。

（一）以不同角度研究体育文化的现状

1. 从体育文化的概念与学科理论的角度进行研究

一些专家及学者在体育领域阐明体育文化发展历程与作用机制、体育文化特性和功能，阐释体育文化的内涵和外延等问题。体育文化的概念随之受到广泛的关注。随着研究成果的不断累积，体育文化的内涵越来越清晰，但是还没有形成相关的、系统的学科理论体系，这有待体育文化研究者的进一步探索。

2. 从体育文化的不同领域的商度进行研究

体育文化可以依照不同的标准划分为不同的领域，这些领域我国学者都进行了相应的研究，如运动服文化、运动看台文化、奥运文化等。对于体育文化的价值、建设，存在的问题等都做出了一定具有创新性的回答，但大多数研究得不够深入。而且这些理论研究还不能有效地指导实践，使得理论与实践脱节。

3. 从体育文化对社会文化的价值的角度进行研究

作为社会文化的重要组成部分，体育文化与社会文化之间的联系非常紧密。体育文化受社会文化发展的影响，但也具有反作用，能够促进社会文化的发展。从这个角度上，我国学者对此进行了相关的研究，如体育的社会文化基础、体育文化与青年、体育文化与城市、体育文化与现代"文明病"等，从而揭示了体育文化的价值意义，引起人们对体育文化的重视。但是对于体育文化的独特性、价值形成机制、带来的负面影响，研究和解决的成果不太理想。

4. 从不同体育文化的比较与交流的角度进行研究

体育文化的全球化趋势随着世界全球化的深入也不断加深，不同国家之间密切频繁的体育文化交流，成为体育文化研究的新角度。现阶段，我国学者对于中日、中朝、中印、中西、"丝绸之路"等体育文化交流都有研究的课题，有利于进一步了解各国体育文化的异同和相互间友好交流。但有些历史上的体育文化交流活动和国内各个民族之间的民族体育文化交流还需要进一步考证和研究。

5. 从中国传统体育文化在当代的转型的角度进行研究

中国体育有着悠久的历史，其发展历程也很漫长并有自己的特点。在现阶段，我国学者也要研究对待中国的传统体育文化的方式，如传统文化与体育文化、养生文化、武术文化的关系等。现代社会中，体育文化研究的重要任务——如何让体育文化焕发出新的生机以及继承和发展传统文化，摆在我国体育文化研究者的面前。他们虽然在中国传统的转型领域取得令人瞩目的成果，但也有缺陷，如很少论述体育文化对传统文化的反作用等。

6. 从运动项目的文化内涵的角度进行研究

任何运动项目在它的发展过程中都不是一气呵成的，都会融入很多的文化底蕴。例如，中国传统体育项目功夫、骑马、象棋、围棋、蹴鞠、龙舟、秋千、风筝等，以及风靡于西方的篮球、足球、橄榄球、马球、冰球、曲棍球、棒球、高尔夫球等都蕴含了一定的文化内涵。为了更好地了解运动项目的发展与实质以及运用带来的文化价值，有必要对运动项目的文化内涵进行研究。但目前的研究结果存在一些牵强附会的现象，没有注意到项目自身特点及文化特性。

7. 从中国当代体育热点问题的文化特性的角度进行研究

目前，诸多体育文化研究学者及专家都选择了研究中国当代体育热点问题的文化特性。例如，运动员出国潮、文化机制与竞技体育的超前发展、外籍教练与中国体育的接轨、文化特质与妇女竞技体育的突进、文化与中国竞技运动、职业体育运动员文化素质低下等，并在某些问题和方面存在不同的观点，但是问题的答案正趋向于明朗化。现在存在的问题是，缺少为决策者提供合理可行的对策和相应的理性思维。

（二）各类型体育文化的研究现状

1. 群众体育文化研究的现状

首先是群众体育文化的松散性。群众体育纪律性不强，是自愿参加，自择项目，松散性在所难免。但是，有计划、有组织的群众体育并不是不可能的。事实上，随着体育工作的开展，群众体育活动的有计划、有组织的规模不断扩大。然而，从总体上看，相对松散的特点是群众体育具有的不变特点。其次是自愿性。国家制定的带有不同程度强制性的法律法规主要是针对体育教育而言的。历史上正反两个方面的经验证明，群众体育活动的组织安排，绝不能用行政命令的方法，而应该以宣传教育的方式自觉自愿地参加。再次是业余性。任何群众体育活动都只能在生产或工作之余，利用空闲时间来进行，以提高生活的质量，这是与体育教育和竞技体育区别的主要特征。最后是多样性。群众体育包容性最大，它可以集文化、教育、产业于一身，容纳男女老幼的广泛参与，容纳各种体育手段或项目，还可容纳体育教育、竞技、经营活动。此外，不同地区、不同国家、不同民族之间的群众体育还表现出一定的差异性。

我国现阶段群众体育文化的发展呈现明显的缺陷，经济欠发达地区农村群众体育活动落后，指导力量薄弱，健身的科学性不强，进行群众性体育活动的场馆设施供应不足，体育锻炼缺乏组织性。我国现阶段面临的严重形势是体育人口年龄老化现象较严重，群众体育的技能水平较低，且没有很大的交流。它们与竞技体育、学校体育没有多大的交集，而且运动负荷较低，健身功效不强。但不是说现阶段我国群众体育文化没有什么进展。经常参加锻炼的体育人口稳步增长，在农村乡镇群众体育发展速度不断加快，锻炼内容以民族传统项目为主，以晨练为代表的社区体育发展迅速。文体结合消遣娱乐特色明显，群众体育产业蓬勃发展，群众性体育活动的消费比例不断增加，体育旅游、假期远足成为时尚。关于规范群众体育的法制建设也逐渐开展起来。

2. 竞技体育文化的研究现状

竞技体育具有竞争性，竞技能力指的是运动员参加比赛的能力，以富有激烈的竞争性的较量确定竞技水平高低的体育活动就是竞技体育。这是它与其他体育活动相区别的标准之一。竞技体育具有规范性，现代竞技体育要求高度完美技艺的运动员，以取得比赛的胜利，但这建立在高度规范性的基础上，规范和规则是竞技体育实现国际化的基本条件。竞技体育具有公开性，能够成为同时吸引亿万人关注的社会活动，比一般社会活动更为公开，成为大家共享的财富，这促进了竞技体育的不断创新。竞技体育具有公平性，竞争应在不偏袒任何一方的公平条件下进行，比赛应该合情合理，以获得竞技体育的正常进行。竞技体育具有协同性，它是一种群体行为，每一进程或目标的实现，都具有高度的组织化、协同化特征。竞技体育具有观赏性，它的主要目的是娱乐，是以游戏的形式发展而来的。竞技体育的高超技艺，使它的可观赏性大大增强，使人们得到放松，获得轻松感和美的享受。

新中国成立70多年来，国际流行竞技体育项目逐渐增多，并不断发展，竞技体育已成为国家强盛的象征。乒乓球被认为是我国的"国球"，是世界乒坛的常青树，走在了世界乒坛的前面，并称雄于世界。总体上我国田径运动水平与世界一流水平相比，差异比较明显，但成绩有了大幅度提高，如郑凤荣打破了跳高的世界纪录。改革开放以来，中国的田径运动水平在亚洲是数一数二的。篮球逐步形成了比较固定的竞赛制度，大体达到了较高的水平，男子篮球队多次获得亚洲冠军，女子篮球队自20世纪70年代已冲出亚洲，进入了世界强队的行列。足球技术水平较低，20世纪90年代，足球界进行了改革，推行足球俱乐部制，产生了深远的影响。20世纪60年代上半期我国排球发展较快，1979年，我国排球队冲出亚洲，进入了世界先进行列，特别是女排，书写了世界排球运动的光辉历史。羽毛球从20世纪50年代初开始蓬勃发展，20世纪70年代，我国羽毛球成为世界羽坛的一支劲旅。我国在其他竞技体育项目也有突出的成就，如当前关于竞技足球发展的研究、关于马拉松运动的研究等都上升到了一个新的高度，在此就不一一列举了。

3. 校园体育文化的研究现状

对校园体育文化进行了详细的研究。大体内容如下所述。

(1) 社会学角度。众多的研究者以社会学理论作为研究的工具，对学生社会化的问题做了深入的研究与分析。如乔梁的《校体育文化促进人的社会化》和曾五一的《校园体育文化建设与精神文明建设》就是其中的典型代表。

(2) 文化学角度。一些学者及专家以文化学理论作为研究工具，从文化概念入手，对校园体育文化多元化体系的构建做出了重点的研究与分析。

(3) 教育学的角度。一些学者以教育学理论作为研究工具，从教育学角度出发深入探讨了校园体育文化的内涵与发展。其中比较有代表性的成果有洪伟强的《论高校校园体育文化的内涵、特征与功能》，徐军、黄鹭英的《论校园体育文化与大学生基本道德规范的养成》，奚风兰的《校园体育文化在素质教育中的作用》等。

(4) 现象学的角度。以现象学为角度进行研究，是指一些学者将校园体育文化作为一种现象加以研究，如钱津、刘胜峰的《试论竞技体育对高校校园体育文化的影响》和唐晓兰的《全民健身计划与学校体育文化》都是其中的典范。

(5) 比较研究。用比较法进行研究，能找出其中存在的不足，吸取经验，获得发展。在这一方面，我国体育文化研究的学者及专家主要是把我国校园体育文化与国外校园体育文化的发展结合起来进行对比研究，这对于我国校园体育文化的发展具有重要的借鉴意义，如赵夏娣、王效良的《中日大学校园体育文化的比较研究》就是其中的典型代表。

综上所述，我国对校园体育文化的研究已有了很大的进步，但是总体而言，对体育文化各方面的研究仍然很多时候处于表面，研究得不够深刻和细致。与此同时，一些体育文化研究学者常会犯以偏概全的毛病，这使得研究的可信度大大降低。这些都需要体育文化研究学者及专家引起高度重视。

4. 奥林匹克文化的研究

北京奥运会成功举办后，我国关于奥林匹克相关运动的研究层出不穷，取得了大量的研究成果。这主要体现在古代与现代奥林匹克运动的比较、奥林匹克文化的内涵、奥林匹克文化传播与教育等几个方面，如朱慧芳《奥林匹克文化传播分析》认为"奥林匹克运动是一种以西方为主导的文化，是一种多元的、催人向上的文化，其传播的背景是文化认同、多元化和全球化，而文化传播正是奥林匹克运动全球化进程的助推器；奥林匹克运动文化传播有政治、经济、教育及整合功能，具有全覆盖、全景式、全天候的特点和多样化、跨文化、现代化的发展策略，应注意反对种族歧视、消除贫富差距歧视、严防政治歧视，以促进奥林匹克运动的可持续发展"。

总体来看，我国关于奥林匹克运动文化的研究还存在不足之处，一些研究专家与学者缺乏对奥林匹克运动最新动态的关注，而有些研究则存在着一定的概念界定问题。这都需要奥林匹克文化研究者加强自身综合素质的提高，深入奥林匹克运动的内部进行详细的研究。

二、中国体育文化研究的缺陷

现阶段的体育文化研究，对于体育现实及中国体育发展的特殊矛盾关注较少，而且没有得到深入挖掘，再加上体育文化研究队伍还没有形成一支整体、稳定的力量。所以，当前的中国体育文化研究中的一些问题是值得引起重视的。

（一）轻微观研究，重宏观研究

在当前体育文化研究的成果中，涉猎较多的是宏观性问题。如体育文化的概念含义、功能特征、作用价值，东西方体育文化特性的比较等；而在微观层面的内容上，如对体育物质、制度、精神层面的分析和研究显得不够深入。往往机械教条式地照搬照抄一般文化的理论或者随意地与社会环境挂钩，来对民族、职工、学院体育文化和健身文化，各体育项目文化等进行探讨和论述，对体育文化产生、发展、变化的机制以及体育文化与社会文化背景的关系等缺乏细致深入的分析和研究。

（二）轻现代研究，重古代研究

现在国内体育界的文化研究的焦点过多地聚集在古代体育文化上，古代体育文化研究成果比现代体育文化研究成果要多得多，没有充分重视那些具有明显转型意义的近代体育文化和现代体育文化。例如对中国武术文化的研究成果，大多集中于古代部分，而对近代和现代剧烈变革时代的武术文化的研究成果则屈指可数。这对中国体育现代化来说是极为不利的。

（三）批评的多，建议和对策少

文化进步和发展的动力在于文化的破和立。在文化发展潮流中文化的建设和创造具有根本意义，任何一个时代文化包括体育文化的发展方向都需要由建设和创造来引领。但目前我国体育文化学者对体育文化的批评研究大于建设问题的研究。而且建议具有宏观性，只能宏观指导，不易实际具体操作。

（四）表面研究多，深层研究少

目前来看，我国关于对民族体育文化、休闲体育文化、健身文化等内容的研究往往是照搬一般文化的理论而缺乏对体育文化产生与发展机制的详细研究，缺乏从不同背景、不同层面对体育文化的研究。其中有一些研究过于追求形式，而忽略了内容，并且缺乏理论的推导，这使得研究缺乏严谨性和客观性。

（五）具体内容研究多，方法研究少

要想展开某一领域或现象的研究，必须确立好研究对象和方法，这是至关重要的。由于我国体育文化的研究时间不长，并没有充足的研究经验，因而目前关于研究方法的成果还很少。总体来看，关于体育文化具体内容的研究较多，而方法研究偏少，这需要今后研究的规范和深入。

（六）理论研究多，实践研究少

据调查发现，目前我国有关体育文化研究的理论知识较多，而比较欠缺实践方面的研究。对于体育的文化性以及体育与文学、音乐、美术等方面的关系有一定的论述，但对于体育报告文学、体育电影、体育电视剧、体育歌曲、运动会吉祥物的设计等则几乎没有涉及。这使得我国体育文艺市场出现萧条的局面，这是我国体育文化研究的缺憾，需要今后引起重视，加强这些方面的研究。

第三节　国外体育文化研究的现状

进入 21 世纪以来，我国涌现大量专门的体育文化刊物，有些国外学者还从女性和种族的角度进行体育课题的研究。一些体育文化研究成果相继出现在大众文化、媒体文化、娱乐文化和消费文化等领域中，呈现出体育文化与体育实践同步推进、体育文化与一般文化的研究热潮步步紧跟的态势。

一、国外体育文化研究的视角与现状

国外关于体育文化的研究视角可谓是五花八门，经过细致的整理和归纳，其研究视角主要包括以下几个方面：

（一）从体育文化内涵的视角进行研究

不同的学者对于体育文化的内涵研究有不同的出发点，因此得出的结论也大相径庭，如有人设法证实体育文化的结构具有同一性；有人探索了作为竞技体育的先决条件的社会与文化；有人从体育与人的价值角度出发，发现体育文化的独特价值；有人对体育文化的研究，是从价值的角度出发，从全面或不同侧面分析体育文化；还有人

认为很难把体育运动归类在其他独立或特殊的范畴中,因为体育有许多审美性质,它不是一门科学,而属于一门艺术;另外有一些人将体育文化与人、社会结合起来,批判了人体社会学的一些理论。

(二)从性别体育文化的视角进行研究

这类研究是对男性和女性甚至变性人的体育文化研究,是在结合社会文化背景和性别角色特点等的基础上,单独研究其中的差异和相互关系。具体包括女运动员在体育与男子的统治中的地位问题、男子汉气质的养成与男子的体育经历之间的关系问题、女性在高水平竞技运动中的发展问题、各种体育运动中的性别与性别差异问题等。

(三)从不同国家和民族体育文化演变的视角进行研究

这类体育文化研究结合社会历史的发展,注重在发展过程中体育文化的相互影响与作用。对于明确世界各地体育文化的成因及其相互影响机制,从这个视角进行探讨,无疑是正确的。

(四)从运动队体育文化的视角进行研究

在现代竞技运动发展的背景下,对运动队的要求会随着运动项目的变化而变化,因此不同的运动队就有不同的体育文化,需要分别对每个运动队进行研究。例如,对足球队场上球员关系处理的文化背景的探讨、对青年学生参与篮球项目的正面影响和负面影响的思考等,都属于运动队体育文化视角。研究这些内容的成果能够运用于运动队的管理等实际情况中。

(五)从种族斗争中的体育文化的视角进行研究

在长期的发展过程中,体育文化在很大程度上也会受到种族文化冲突的影响。因此,可以从体育文化发展中种族冲突影响的角度解释其起到的作用,借以消除体育文化发展过程中的不利因素,使其能够顺利地发展、繁荣。例如,探究美国橄榄球文化中存在的种族歧视原因及消除这种歧视的对策、途径,对种族隔阂和种族歧视在共同体育活动中的逐渐消除在文化学上的分析等,意义较大。

(六)从体育异化问题的视角进行研究

体育异化是一个值得我们非常关注的课题,看台文化、"足球流氓"和运动场暴力等都属于体育异化的内容,对这些现象从文化因素的角度进行分析,找到这些现象产生的原因,进而得出消除这些问题的方法,使体育文化的发展向着健康的道路迈进,呈现出欣欣向荣的活力。

二、国外体育文化研究的不足

虽然国外体育文化研究成果丰富，但并不是完美无缺的，它还存在以下几个方面的不足之处：

（一）偏重微观研究，缺乏整体的把握

国外体育专家及学者在进行体育文化的研究过程中一直有讲究局部和细微的习惯。虽然这种方式有利于具体问题的解决，但是由于没有从整体上进行把握，使得研究成果处于分离的状态，不能形成一个结构严密、系统化的理论体系。对体育文化学基本概念和规律缺少必要的理论研究，使得之后体育文化学学科体系的建立出现种种妨碍，最终使深入、系统的体育文化研究无法继续下去。

（二）以西方体育文化为中心，忽视其他地方的体育文化

发展到现在，世界早已不是一个处于封闭和隔绝的状态，体育文化也是如此。特别是在全球化愈演愈烈的今天，任何体育文化的发展都应该加强与外界的合作、交流，不应实行自我孤立，只有这样，才能符合世界体育文化发展的大势和潮流，才能在浩瀚的世界体育文化中找到自己的位置和保持正确的方向。不少国外的学者认为，真正值得研究的体育文化是西方体育文化，所以，他们将大量的精力放在研究西方体育文化上，而东方的体育文化所做的贡献却没有得到足够的重视，这不能不说是一种缺陷。

综上所述，国外体育文化研究要想得到进一步的发展，必须要调整自己的观念，抛弃某些偏见，深入研究东方及其他地方的体育文化，这样世界体育文化才能够焕发出新的生机并不断向前发展，推动世界体育文化的繁荣。

第五章　高校体育教学与体育文化的融合

体育教学在一定程度上也是学校体育文化的重要组成部分之一。只有将体育教学与学校体育文化深入融合在一起，才能促进两者共同发展。体育教学与学校体育文化既各有方向又有融合发展，本章主要就两者的融合发展展开详细分析。

第一节　体育教学改革中的文化动力

一、体育教学改革中的文化动力方向

（一）体育教学改革中的内向文化动力

内因是事物发展变化的根本原因。体育教学改革中的内向文化动力，具体是指学校体育教学活动中的参与主体体育教师文化、学生文化，以及教学活动中将教师和学生关联起来的体育文化。这些构成体育教学活动的因素，为体育教学的改革提供了根源性、本质性的文化动力。促进学校体育教学改革的动力源是内部文化矛盾，分别表现为体育教师与学生的矛盾、教学目标与教学实际的矛盾。这些矛盾之间相互作用，形成了体育教学改革中的内向文化动力。

1.体育行为主体的内向文化动力

体育行为主体，即为体育教师与学生。在体育教学中，体育教师的主导性与学生自主性之间的矛盾，是学校体育教学改革的重要动力。在学校体育教学中，倡导学生充分发挥自主性，使学生在体育课堂占有主体地位，因此在参与体育学习的全过程中，学生要达到四方面的要求：积极参与体育活动；利用自己的体育知识与经验，认知体育新知识和新技能；将外界体育教育影响同化；能够主动吸收、改造、加工体育知识，优化和组合新旧知识体系。在此基础上，学生可以有效发挥自己的想象力、变化能力及创新能力等培养自己的创新性思维。这对学生的自主性提出了较高的要求，要做到能够独立自主地安排自身体育学习策略，尽可能地自我支配体育学习活动、自我调节与控制体育实践活动，在个性化学习方式和自主学习行为两方面得以体现。需要注意

的是，学生学习的自主性，在实际操作中可能会被强化教师主导性的这一举措削弱。因为很多教师的教育观念并没有转变，其对体育教学仍旧抱有传统教学理念，在此理念指导下的教学活动会突出教师主导性，形成教师负责教、学生负责学、教师教学过程是对学生单项培养过程的局面。在传统教学过程中，课堂主宰者是教师，教学主体是教师，教学过程中的重点是统一性，学生的个体差异性被忽视。在教育改革的大前提下，师生间的核心矛盾不再是单方面的普通矛盾关系，这一矛盾是体育教学呈现出动态性特征，促使体育教学改革持续进行，成为体育教育改革的重要动力来源。

理想的体育课是深受学生喜爱的，在体育运动中能够体验乐趣，能够充分满足学生的运动需求。但现实中，能够积极参与体育活动的学生较为有限，学生抱怨体育课无聊的声音经常出现。教育学中提到的要求教师灵活运用多种教学方法，广泛存在于体育教学中，但不管教师运用哪一种教学方法，都有可能会有一些学生对一些体育课程接受吃力。尽管教师难以调和此类矛盾，但此类矛盾的积极影响推动了体育教育的改革。

2. 体育教学活动的内向文化动力

在体育教学过程中，体育教学目标既是出发点又是目的地。体育教学目标是学校体育教学设计环节的核心，其他方面的设定均需围绕其展开。体育教师是体育教学目标的制定者，在制定体育教学目标时要注意具体体现其两方面的作用：一是体育教学目标决定着体育教学的方向，二是体育教学目标指导着具体教学过程和活动的方向。另外，在设定体育教学目标时，要注重其重要特征，即灵活性和实用性。在保障当前技术手段和体育教学资源充分被利用的同时，还要与学生身心发展相结合，通过定性测评或者定量测评来及时调整体育教学目标。

在开展体育教学的过程中，体育教学目标与体育教学实际在某些方面是不能达到统一的，如教学评价与教学目标的契合度不够。教学评价确切化在体育教学中极为必要，然而要在各项具体化的体育教学目标中一一落实，却无法实际做到，这使体育教学评价过程出现较大困难。如体育道德素质评价就不存在统一的标准，而且道德素质评价也无从下手。由此产生的体育教学目标和教学评价两者间的矛盾无法调和。体育教学目标和教学实际（如教学评价）两者间的矛盾向体育教学改革提出的要求是持续探寻一种平衡过程中的向前发展方式。

（二）体育教学改革中的外向文化动力

外因是事物发展变化的推动力。体育教学改革中的外向动力是物质文化、制度文化和精神文化的提升。我国高速发展的物质文化、制度文化和精神文化推动了体育教学的发展，实现了一定的体育教学的创新与发展。身处网络信息时代，体育教师可以充分利用网络资源，开展视频、音频等多媒体课件教学，更加高效、生动地开展体育教学活动。

1. 主要外向文化动力及相互作用

体育教学改革的主要外向文化动力指物质文化动力、制度文化动力和精神文化动力。物质文化是制度文化的基础，制度文化是更深层次的文化。国家提出的体育教学改革，就是制度文化方面的改革，是以物质文化发展为前提的。制度文化的发展改进是为了满足人们两方面的基本需求：一是社会活动中产生的合理处理人与人之间关系的需求；二是社会活动中产生的合理处理人与群体之间关系的需求。精神文化是在人们最基本的需求被满足后，超越基本需要而产生新的需求，与文化层面的其他文化相比，内在性、超越性、创造性是精神文化最能体现的。

物质文化、制度文化、精神文化三者相互作用于体育教学的改革。但是三者给予体育课程改革的影响又有所不同。

美国著名社会心理学家马斯洛的需求层次理论认为，当人们处于较低层次的需求时，高层次需求也会随之产生，高层次需求来源于低层次需求。所以，物质文化、制度文化、精神文化三者之间，无论是属于高层次需求还是属于低层次需求，其关系是相互联系、不可分割的。精神文化取决于物质文化和制度文化，同时精神文化对物质文化和制度文化具有反作用，这是长久以来形成的人们的共识。

2. 外向文化动力内化为内向文化动力

事物的内部因素与外部因素互相作用、相互转化，促进了事物的发展变化。体育教育改革的文化动力是由体育教育的内向文化因素与外向文化因素等多种相关的文化因素之间的众多矛盾，共同作用而形成的。体育课程改革的文化动力由动态平衡到内化为内向动力，经过是复杂的。

由上述可知，多种文化因素共同组成了体育教学的文化动力，当其被多项作用力共同作用，出现动态平衡状态时，体育教学就可以实现稳定发展；当出现"震荡"状态，就要求展开适当调整，即体育教学改革就必须进行。然而体育教育改革想要一蹴而就也是不现实的，它必定是一个持续发生的过程，需要伴随各种文化动力的发展变化而持续适应与调整。

体育教学改革的文化动力源头是多种文化动力因素间矛盾的相互作用。当内向文化矛盾与外向文化矛盾处于互相作用的情况下，而体育教学被不对称的信息流打破平衡，不能正常交流时，体育教学改革才能汲取动力顺利进行。分析体育教学内向文化和体育教学改革的关系可知，前者产生的矛盾是后者的主要矛盾，是主要动力；后者是次要矛盾，次要动力。但是要促成一件事物的发展变化，既要抓住主要矛盾，又不能忽视次要矛盾。体育教学改革具有复杂性，在统筹全局抓住重点关注内向动力的同时，也不能放松对外向动力的关注。

体育教学活动，为体育教学改革中各外向文化动力提供了舞台，是其内化为内向动力的主要方式，对体育教学改革的成功与否发挥着重要作用。体育教学外向文化动力内化为内向动力的持续作用，伴随着体育教学改革进程持续进行。

二、体育教学改革文化动力因素分析

体育教学改革的文化动力因素，主要来自内向文化动力因素和外向文化动力因素两个方面。

（一）内向文化动力因素分析

学校体育教学改革内向文化动力因素主要包括体育教学活动中的体育行为主体，即体育教师和学生、体育教学目标、体育教学内容、体育教学方法、体育教学评价。

1. 体育教师

教师不仅传道授业解惑，同时还担负着思想道德的教育者这一职责，体育教师能在很大程度上推动学生身心健康成长。作为学校体育文化主体之一的体育教师在教学中的作用：一是根据实际情况来设计体育教学，二是向学生传授相关的体育知识与经验，三是组织各项与体育教学相关的活动，四是对学生的体育学习活动产生引导作用。

优秀体育教师具备扎实丰富的基础性知识，属于基础性知识的主要内容包括政治理论、政治时事、政策知识、人文社会科学知识、生物学相关知识。对这些知识的合理应用是体育教师高效完成教学工作的基础性条件。

在具体体育教学过程中，体育的地位、本质功能、一般规律、一般特性、教学目的、教学任务、教学规律、教学特点、教学原则、教学方法等都属于体育教师需要首先掌握的。除基础性知识以外，体育教师教学能力还体现在其专业知识和专业技能方面，体育教师还需熟练掌握与运用各运动项目的基本理论、动作技术、动作战术、规则、裁判方法、教学与训练原理、教学与训练方法等。

体育教师在体育教学实践中，不同学生心理素质差异性很大，要通过自己掌握的与体育教学相关的原理和方法充分结合学生心理特征，灵活运用多种教育方法与教学技巧，高效传递理论知识与体育技能，进而使学生的综合素质得到本质提高。体育教师需要拥有素质教育的教育思想与观念，还必须不断更新自身的教学观、人才观、学生观及教育质量观。只有这样，教师才能更好地服务于体育教学，促进体育教学改革。伴随社会的进步发展，对人的综合素质提出了越来越高的要求。体育教师要想更好地服务于体育教学，不仅要掌握必需的专业知识，还需积极掌握和体育相关的知识，如体育管理学、体育人类学等，只有持续拓宽知识面、丰富知识结构，才能不被体育教学改革淘汰。也就是说，优秀的体育教师，不仅具备扎实的文化知识与高超的体育技能，而且具备较高的个人素质和崇高道德品质。具体表现在三个方面：一是热爱学生，公平对待每个学生，因材施教，促进学生全面发展；二是严于律己，以身作则，保持为人师表的自律性，在细枝末节处给学生以积极影响；三是爱岗敬业，有乐于奉献精神。拥有这些优良品德的体育教师是体育教学改革的参与者、直接推动者，是关键的内向文化动力因素。

2.学生

作为学校体育文化主体之一的学生，在体育教学活动的全过程中占据着关键地位，是教学活动的对象。在深化体育教学改革的过程中，在教学对象，即学生方面表现出以下特点：

一是学生的成长需要体育教学保持进步性。在体育教学过程中不难发现，学生的身心特点有显著的差异性，发展高度参差不齐，逐渐形成或已经形成自身思想意识和独立人格。在此情况下，如果体育教学课程适当、教学方法合理，学生就能够将自身积极性发挥出来，自主参与体育教学活动接受塑造和教师协同完成特定教学任务。然而上述的"如果"在体育教学课堂通常很难实现，学生自身的各种特性增加了体育教学的难度，但是也正是由于学生在体育教学活动中表现出来的成长所需的体育教学要保持的进步性，推动了体育教学不断改革，进而使学生持续变化的需求得到更好的满足。

二是教育的目的需要学生保持超越性。教育极为重要的目的是培养与激发学生的潜能超越自我。而学生要求对自我的不断超越就成了体育教学改革的最大动力。由此可知，学生对自我超越的需求是体育课程改革的关键性依据，如当学生掌握体育教学标准要求的目标之后，将不再满足标准，而渴望更高更快更强。学生不仅是体育教学改革的重要参与者，还是体育教学改革的参与主体之一，也是体育教学改革一个重要内向文化动力因素。

3.学校体育教学目标

学校体育教学目标是在学生实际参与的、和体育内容相关的教学情景中，对最终学习成果的预期标准。学校体育教学目标的制定者是体育教师，是开展具体体育教学活动的重要依据，具有灵活性与实用性的特征。针对具体的教学过程和教学活动，体育教学目标既是体育教学活动的依据又是标准，而且对体育教学活动的开展还具有导向激励的功能。

体育教学内容丰富多样，有常见的体育运动项目，也有与体育保健有关系的知识与技能。正确合理的体育教学目标极为重要，它表现在以下几个方面：一是为体育教师面对特定教学内容选择适当教学方式提供依据；二是界定教学内容；三是针对教学内容提供导向；四是为教学内容提供有价值测评。体育教学目标影响与制约教学内容和教学活动的一些原则。在具体实践中，体育教学内容结构形式、体育教学组织形式、体育教学具体实施均会受到体育教学目标的影响与制约。如教学活动组织的严谨程度与方法会因为体育教学目标的高低程度不同存在很大的差异性。体育教学目标是体育教学评价的基础性标准。体育教学目标是评价体育教学价值与效果的关键依据，体育教学管理部门通过系统性、客观性评价体育教学的结果，能够得到有效数据与结论，体育教学管理部门可参照具体评价，对体育教学指标展开调整，推动教学水平进步和学生之间的适配性，从而推动体育教学改革。

在具体的体育教学活动开展中，学校体育教学目标有导向激励功能。首先，体育教学目标在体育教学活动中具有指明方向的作用，但是其设定必须与时代同进步。社会在迅速发展，时代的要求有时会领先于课程和教学目标，体育课程实际发展情况和课程与教学目标之间的矛盾也必然存在，要解决这一矛盾体育教学改革也必须逐步深入。其次，体育教学目标在体育教学活动中有激励功能，虽然并非每个学生均能达到设定的体育课程教学目标，但是目标在，就有学生刻苦努力，超越自我。一方面，体育教学目标能鼓舞学生不断超越自我；另一方面，体育教学目标能不断推动体育教学改革的进程。

4. 学校体育教学内容

学校体育教学内容是指教育者参照教学的系列要求，多角度总结前人在体育与教育方面的经验，遵循教育原则，在多项体育技能理论中挑选来的体育知识和技能。选择教学内容时遵循将实现体育教学目标作为最终目的，将体育教学活动的学生作为分析对象的原则。因为体育教学内容对教师和学生来说是两者间交流的媒介，对两者间的信息交流，教学的效果与质量起着关键性的作用。总体来看，教学内容的合适与否，对体育教学改革有重要影响。具体来说，能否合理制定教学内容有以下几点参照：

一是形式教育与实质教育指导下的内容选择。体育教学应将培养学生多项能力摆在重要位置，同时努力发挥学生的主观能动性，不应当只注重学生单项技能与知识的学习，这是形式教育的方式。体育教学的教学内容在形式教育与实质教育上存在很多差异性，然而形式教育与实质教育既相互竞争又形成互补关系，共同推动了体育教学改革的深化。

二是科学主义与人文主义指导下的内容选择。体育教学的主要内容是自然科学知识，身体锻炼是参与体育课的唯一价值，数据是衡量身体锻炼的唯一标准，这是科学主义教育的观点。科学主义指导下，体育教学内容的展开过度重视"科学"，忽视了学生心理在体育教学中的位置，有一定不足。人文主义教育的观点则是：将培养学生情感、态度、价值观视为教学过程的重要环节，把培养"完整的人""自我实现的人"

放在首位。在此观点指导下的教学内容缺点是，与前者相比可能导致学生身体素质、运动技能、运动技术稍弱。

不可否认，科学主义和人文主义的持续争论与竞争，深化了体育教学改革。

5. 学校体育教学方法

体育教学方法是指体育教学活动中教师教与学生学的多个方式、途径和手段等方面的总和，也是体育教师和学生两者间行为关系的总和。体育教师灵活运用多种方法，师生间密切配合，是教学活动顺利进行的保障，单方面运用教法或学法都是不可取的。

学校体育教学方法的选取与运用离不开教学目的与教学实践的参照。任何学科的教学方法，均需将教学目的作为出发点。体育教学进行分析，教学方法数量众多，体育教学方法得到应用的重要原因是要达到体育教学目的。要使教学方法得到本质创新与丰富，就要密切联系教学实践。时代的发展与进步，使社会形态、各项技术及教学理念等均得到了持续改善，随之教学方法在不断创新的道路上越走越快。这些因素都成了促进体育教学改革的直接内向动力因素。

科学技术的发展与改革对体育教学方法的发展与改革产生了巨大影响。运用计算机系统，师生立足于不同侧面、不同速度、不同部位的动作分析和研究成为现实，大幅度提升了教学质量，这一背景下很多崭新的体育教学方法相应产生。计算机科学被广泛普及于体育教学中，促使越发标准和科学的动作示范出现，搜集与整合相关资料更加便捷，学生学习的空间与时间限制被弱化，实时性信息沟通变成可能。为紧跟社会发展节奏，充分满足学生体育需求，体育教学内容一直处在发展与变革中，体育教学方法由此产生。当前，体育教学中课堂教学有一定延伸，大量加入定向运动与野外生存两方面的内容，因此体育教学活动的野外组织与教学方法的开发范围也更加广泛。

在体育教学改革中，体育教学方法的影响比较隐形，但也不容忽视，只有充分借助教学目标或者教学内容，体育教学方法的影响才能得到有效发挥。

6. 学校体育教学评价

教学评价是对教学目标达成程度较为精确的确定，是对教学效果和教学质量的测评。教学评价的变化是引起体育教学改革的因素之一。体育教学评价的变化包括以下三个方面：

一是教育质量观之间的对立。观点一：体育教学只有在知识储备足够的前提下，学生才能获得新知识或者构建知识体系，体育教学评价以学生掌握的学科知识为基准。观点二：教学评价要依照每个学生的认识、情感、兴趣、意志、品质等方面的实际情况来展开，把学生视为在特定阶段自我实现的人。体育教学评价模式受不同教学质量观的制约和影响，而不同的教学质量观相互协调，使体育教学改革不断推进。

二是个人本位和社会本位之间的冲突。个人本位思想是：要将学生个体的发展需求放在重要位置，训练目的是使学生实现自我，不是使学生成为社会工具。社会本位思想的观点是：服务社会是教学目的，应当以社会需要为依据对学生进行改造。个人本位思想和社会本位思想间的竞争从未间断，体育课程评价常常在这两者间摇摆偏移，这在一定程度上对体育教学改革提出了要求。

三是教学规律和社会发展之间的矛盾。体育教学具备其特定规律，对体育学科规律的重视，引发了教学规律和社会发展间的矛盾，例如有时会使对学生、社会及职业的有益知识技能被排除在体育课程体系外。

以上提到的对立、冲突、矛盾致使体育教学评价处在变化之中，体育教学的其他方面也会随之发生变化。由此可知，在体育教学改革中，体育教学评价也在关键性因素之列。

（二）外向文化动力因素分析

体育教学改革的外向文化动力因素主要包括社会文化、教育文化、体育文化，这三者分别对体育教学改革有不同的外在影响。

1. 社会文化

社会文化是由社会各个领域和多个层面共同构成的。整体社会文化对某一领域某一层面的文化有促进或者阻碍作用，这也促使某一领域或者某一层面的改革和进步。教育和社会的关系密不可分，学校体育文化从一定角度来看，是社会文化的一个领域、一个层面。对于整个社会的文化传承来说，教育属于关键性手段，学校体育文化不可或缺。我国社会文化的重要内容是群体价值，而如今体育教学倡导重视学生个性的发展。由此，如何使学生个性得到充分发展而又符合社会文化的要求，对体育教学改革提出了要求。

2. 教育文化

我国教育文化的显著特点是民族性。中国传统教育观最重要的一点是由"科举制"历程中传递而来的，它认为获取政治地位是学习的目标，体育教学对这一目标无任何意义。改革开放到今天，外来文化在我国教育文化中发挥着重要作用，中国体育教学受到了不同外来文化的强烈冲击，教育文化主张重视人的发展。当前在教育文化的观念中，爱国主义教育、集体主义教育、社会主义教育占有重要地位，这是我国教育的根本立足点。但是体育教学中保有传统教育的影子，重视以传统的教学方法，传授知识技能，而忽视了学生的个性发展，这一矛盾推动了体育教学改革。

3. 体育文化

在欧洲体育诞生的萌芽时期，欧洲各国的学校就出现了各种形式的体育运动，体育运动诞生之后，成为世界各国学校不可缺少的教育内容。体育文化是在体育教学过程中产生的，而体育运动是在体育教学文化指导下由游戏和竞技活动演变而来的一种身体运动方式。体育运动之所以能够广泛传播，其根本原因在于其本身的价值，体育的教育价值寓于体育运动之中。体育文化受教育文化和社会文化的影响，伴随其一起进步发展，正如教育文化受西方现代教育观念的影响程度不同，体育文化表现出其特点。东西部经济发展不平衡，造成东部地区的西方现代体育文化发展迅猛，而广大西部地区中国传统体育文化依然存在。这一问题造成传统体育文化和现代多元体育文化并立的现象，这对体育教学改革的平衡性、特色型进程有推动作用。

三、体育教学改革中的文化动力的特性

体育教学改革中各个文化动力之间表现出的动力，既有其个性又有其相互作用的特性。具体来说就是动态突变性、方向层次性、协同差异性。

（一）动态突变性

社会不断向前，社会文化、教育文化不断向前发展，所以体育教学始终处于发展变化之中，使体育教学改革的文化动力拥有动态性特征。不同文化因素在动态的彼此作用和彼此影响下，使得体育教学改革也持续向前。

文化动力的突变性是在文化动力的动态性基础上实现的。文化动力由动态量变达到质变，发生突变。体育教学改革的文化动力的重要反映是体育课程内部体系，人们难以察觉、关系复杂的突变现象所呈现出的"突变性"。在体育教学的实践活动中，当这些促成体育教学改革的文化动力被我们注意到时，突变已经处于完成状态。

（二）方向层次性

文化特有的性质，决定了体育教学改革的文化动力具有方向性特征。方向性是开展体育教学改革的指导性依据。例如，满足学生自我超越的需求是当下的重要目标，所以体育教学改革会围绕其展开。层次性特征是指，存在于体育教学改革中的动力方向的作用不同，包含内向动力与外向动力两种，其中内向动力为主要动力、外向动力为次要动力。另外，体育教学改革过程中不同文化均会呈现出层次性特征，表现出其对改革的不同作用力。

（三）协同差异性

不同文化动力因素间相互协调，致力于推动体育教学改革的发展，这就是各文化动力因素间的协同性特征，它广泛存在于各项文化动力因素中。内向文化动力或者外向文化动力内部，各个要素既相互竞争又相互合作的精神会被不同文化因素在学校体

育教学的改革中表现出来。各文化动力对体育教学改革的影响各不相同,这是文化动力因素差异性表现。文化动力因素会根据时期和领域的不同,而出现很大差异性,如体育教学目标的设定受社会文化的影响,在大力发展竞技体育的阶段,体育教学的竞技化特征明显。

第二节 体育教学与学校体育文化的关系

一、体育教学

(一)体育教学的界定

体育教学的界定分为两层。一层是身体方面的。体育教学是一种教学活动,是指体育教师在教学过程中以体育教材为媒介,指导学生学习和掌握体育知识、体育技术、体育技能等,同时使学生养成良好的体育锻炼习惯,形成全面健康的身心状态。另一层是心理方面的。体育教学属于学校体育文化的基础形式。教师和学生是体育教学实践活动的主要参与者,教师除了有效传递给学生体育知识、体育技术及体育技能等身体要接受的教育之外,更要注意培养其养成良好的意志品质和良好的心理状态。总之,体育教学在身体和心理两个方面都对参与主体,即教师和学生提出了要求。

(二)体育教学的要素

1. 体育教学的主体要素

体育教学的参与主体是体育教师与学生。体育教师在体育教学中有导向作用,在具体的实践教学中运用教师的功能进行教学。如制订教学计划,组织教学活动,传授体育知识和技能,管理教学设施,监督学生训练或者在教学过程中及时调节教学目标。所以,教师对待工作的状态、教师的综合业务水平及实际组织能力等因素,直接影响体育教学质量。学生是体育教师教学过程中施教的对象,而且在体育教学过程中占有主体地位。在体育教学实践过程中,学生要达到学习效果,就要主动接受教师传授的知识与技能,充分发挥自身主观能动性,来调动自身智力因素与非智力因素高效完成教师布置的教学任务,这样学习效果才能得到本质提高。学生群体存在个性差异,所以在体育教学过程中,不单单要求体育教师要因材施教,还要求学生要发挥自己的主观能动性,师生共同努力才能高质量完成体育教学任务。

2. 体育教学的非主体要素

体育教学的非主体要素中，体育教学目标、体育教学内容、体育教学方法、体育教学评价等能够体现社会和教育向体育教学提出的要求，对学生培养应该达到的程度。这些要素围绕体育教学主体展开，并且充当着教师"教"与"学生"学的纽带，对学校体育教学的开展具有导向作用。

另外，体育教学设施作为体育教学的媒介，也是体育教学的非主体要素之一。高效提升体育教学质量的重要影响因素是媒介条件的好坏。在特定时间和空间内，将体育教学信息通过媒介，如教材、场地器材、环境设备等高效传递并且实践的过程就是体育教学。教学方法是指根据体育教学目标使学生和物质媒介有效串联，调控体育教学，达到教学目的的行为方式。实用性、安全性、抗干扰性、有针对性是体育教学媒介必备特征。分析体育教学实践可知，动态结合和变化多样是体育教学主体要素和非主体要素的重要特征，这就要求体育教师发挥其导向作用，及时调节体育教学的步调。体育教师自身要对教学技巧深入学习和纯熟运用，以此来调动学生的主观能动性，调控好体育教学的非主体要素，尽全力高效完成体育教学的任务。

（三）体育教学的方向

1. 以满足人体发育规律的要求为方向

在"以人为本"的教育理念下就确定了：体育教学是以人体的发育规律为方向的。体育教学的主体中学生是受教育方，体育教学按人体发展规律来培养其体育素质有至关重要的影响。有研究表明，我国国民多项素质发展的最高值主要在学生阶段，其中大学时期尤为集中。所以，大学体育教学要设定科学性强、系统性强的体育教学计划，来满足大学生的各项身体素质发展的要求。大学阶段的体育教学能够对学生培养良好的体育锻炼习惯和身心意志产生深远影响。

2. 以培养学生参与体育运动的兴趣与能力为方向

体育教学要以学生参与体育运动的兴趣与能力为方向，吸引学生注意力，激发学生体育运动兴趣，从而提高体育教学效果。体育教师要把学生生理特点、心理特点及智力特点作为参考依据，有机结合体育运动的趣味性、目的性及对抗性，采用循序渐进的方式使学生掌握相关知识，在兴趣中获取各项能力。另外，教师要培养学生体育运动欣赏能力和体育运动参与能力，促使体育运动成为学生终身兴趣，以获得身心健康发展的途径。

3. 以促进学生综合素质的全面发展为方向

体育教学要同时培养学生德智体美全面的综合素质。首先，体育方面，要学生在体育运动中获得运动专业知识与技能的发展。其次，在德育方面，一些运动项目要求学生战胜身心两方面的困难,是对学生意志力的锻炼。学生要以道德规范与道德准则为第一位,通过自身努力实现目标。再次,在智育方面,体育运动项目中有些对体育运动者的判断分析能力、思维想象能力提出了较高要求,致力于充分开发学生的智力。最后,美育方面,体育教学的方方面面要使学生美的感受能力、鉴赏能力、表现能力、创造能力得以熏陶。由此,在制定教学目标时,要以促进学生的综合素质的全面发展为方向,合理设置体育教学内容。

二、学校体育文化

要探究体育教学与学校体育文化的关系,就要先明晰体育教学和学校体育文化的概念问题。上一部分已经界定了体育教学的含义,这一部分探明学校体育文化的含义。由于学校体育文化涉及诸多文化要素,这里对文化、体育、学校文化及体育文化进行了剖析。

(一) 文化

关于文化,古今中外的学者都给出了不同的定义。在学术界,文化是集传统与现代于一体的词语,但与文化相关的论著相当多,各学者都从不同方面给予了不同的文化含义。对于文化的定义,国家、年代、学科、个体四者中任何一项不同,都会得出不同的结果。针对"文化"概念的定义,最为经典的是英国文化人类学家爱德华·泰勒界定的,他首次指出构成文化的各因素之间具有错综复杂的关系,即"从广义的人种论的意义上说,文化或文明是一个复杂的整体,它包括知识、信仰、艺术、道德、法律、风俗及作为社会成员的人所具有的其他一切能力和习惯"。要想让学校体育文化的结构更明确,需要探究文化的根本含义。

"文"的本意是各色交错的纹理,后引申为包括语言文字在内的各种象征符号,进而具体化为文物典籍、礼乐制度,具有修饰、修养、人为加工等含义,以及美、善、德行之意。"化"的本意是发生、变化、造化。狭义的文化,主要是指人类社会意识形态及与之相适应的制度和设施;广义的文化,是指人类所创造的物质和精神财富的总和。由此,文化包括物质、精神、语言、社会组织等方面。文化是人类活动的模式以及给予这些模式重要性的符号化结构。

在网络信息化的今天,文化大繁荣、大发展,社会各个领域都在探寻自身文化建设,学校也在积极地构建能代表自身价值的优势文化,学校体育文化是其较为关注的一点。

(二) 体育

体育是伴随人类社会的发展而逐步建立和发展起来的一个专门的科学领域。它是人类社会发展中，根据生产和生活的需要，遵循人体身心的发展规律，以身体练习为基本手段，为增强体质、提高运动技术水平、进行思想品德教育、丰富社会文化生活而进行的一种有目的、有意识、有组织的社会活动。体育的概念有广义和狭义之分，狭义的体育概念也称体育教育，是一个发展身体、增强体质、传授锻炼身体的知识和技能，培养道德和意志品质的教育过程，是对人体进行培育和塑造的过程，是教育的重要组成部分，是培养全面发展的人的一个重要方面。而广义的体育概念也称体育运动，是指以身体练习为基本手段，以增强人的体质，促进人的全面发展，丰富社会文化生活和促进精神文明为目的的一种有意识、有组织的社会活动。它是社会总体文化的一部分，其发展受一定社会的物质、精神和制度的制约，并为一定社会的物质、精神和制度服务。

（三）体育文化

《体育名词术语》中给体育文化下的定义是：体育文化是指"广义文化的一个组成部分，它综合各种利用身体文化锻炼来提高人的生物学和精神潜力的范畴、规律、制度和物质设施"。学者杨文轩在《体育原理》中认为，"体育文化是在增进健康、提高人们生活质量的过程中创造和形成的一切物质的和精神的财富，包括与之相适应的社会组织及其规范体育活动的各种思想、制度、伦理道德、审美观念，还包含为达成体育目标的各种改革措施以及相应成果"。从古至今，体育文化的概念一直没有得以统一，因此探明体育文化的含义十分必要。

体育文化可指体育运动某一方面的文明因素，也可指体育运动本身所蕴含的、围绕体育运动所形成的一切物质文明与精神文明的总和，指人类在体育历史发展过程中所创造的物质财富和精神财富的总和。体育文化的主体是人类，是人类特有的社会文化现象和文明成果，包括与之相适应的社会组织及规范体育活动的各种思想、制度、伦理道德、审美观念，还包括为达成目标而进行的各种改革举措及相应的成果。

首先，从狭义的文化概念来理解体育文化。狭义体育文化说把体育文化限定在体育精神现象或与体育活动相关的社会意识形态，以及与之相应的制度和组织机构等范畴之内。狭义体育文化论者主张把体育文化的概念的外延限定在精神领域，认为体育文化就是指以身体的活动为基本形式，以身体的竞争为特殊手段，以身体的完善为主要目标的体育活动过程中人的精神生活的有关方面。

其次，从物质与精神的二元关系来理解体育文化。《辞海》中文化的广义定义是人类在社会实践过程中所获得的物质、精神的生产能力和创造的物质、精神财富的总和"。秉持这一观点的学者认为，体育文化是有关体育运动的物质文明和精神文明的总和，是人们在社会中通过长期的体育实践所创造的物质财富与精神财富的总和。

再次，从文化结构主义来定义理解文化。关于文化结构，理论界存在诸多提法。如物质文化与精神文化两分说；物质文化、制度文化、精神文化三层说；物质、制度、行为、心态四层说；物质、社会关系、精神、艺术、语言符号、风俗习惯六大子系统说；等等。这些不同的文化结构主义定义下的体育文化多有不同，但是其内核是大同小异的。

最后，总结不同角度理解的体育文化可以得出：体育文化的主体是人类，是人类特有的社会文化现象和文明成果，泛指人类在体育历史发展过程中所创造的物质财富和精神财富的总和。

体育文化是和人类体育运动相关的物质、制度、精神、行为文化。文化是体育文化的上位概念，在人类文化的多个组成部分中，体育文化是文化的分支之一，是社会文化的亚文化。立足于文化学与社会学角度进行分析，相比于体育运动的开展，建设体育文化显得更加关键，建设体育文化可以推动人类向着全面、自由、和谐的方向不断前进，使得个体性格和社会性格尽可能达到统一。因此，体育文化是指将提高身心素质、寻找健康生活方式为目的的体育运动，以及由体育运动产生的物质与精神财富的总和。精神财富主要是指体育运动在思想意识和价值取向方面产生的作用。

（四）学校文化

文化的含义丰富，各个领域的学者立足于不同角度看文化，其文化观自然各有不同，从不同文化观的视角看学校文化自然也各有不同。

当下，从多个角度、多个侧面、多个层次来看有几种主要的"学校文化"的观点。"文化氛围说"是指学校文化是众多群体文化中的一种，学校中具备学生特征的精神环境与文化氛围，是学生在教学管理和教学全过程中逐步形成的文化氛围与传统。"社区说"是运用社会学理论的人对学校文化进行的解说。他们认为，从分类的角度进行分析，社区文化包括学校文化。学校文化是社会文化大背景下，特色鲜明的亚文化形态，是生活在学校社区的每位成员共同拥有的学校价值观，以及学校价值观在物质形态和意识形态两方面的具体化。"补充说"是指学校文化是对学校第一课堂的深入完善，以学生的兴趣与条件为参照依据，对学校课堂教学的缺陷加以补充，对学生的才能与爱好产生积极影响。"体现说"是指学校文化是对学校精神、学校传统、学校作风、学校理想四个方面的整体体现。

以上这些看法的共同特点是立足于某一角度或方面来界定学校文化某些方面的内涵，加深了人们对学校文化的认知。关于学校文化的概念还有很多，如综合说、启蒙说、精英说、二课堂说等。但综合以上论述，对学校文化的含义还是存在一些盲区，忽视了一些方面。一是忽视学校文化的特色价值与教育价值，陷入学校文化与社会其他文化相同的误区；二是忽视教师、职工等其他人员的具体作用，把研究学校文化的角度仅仅定位在学生群体上；三是忽视学校文化与其他文化一样的完整性，陷入学校文化就是纯精神文化或者娱乐文化的误区；四是忽视了对学校文化和学校主体的互动性，分离地看待两者。

综合来看，学校文化是指：处在教书育人的学校环境中，发挥学生的主体地位及教师的主导作用，将目标设定为推动学生成长、提升学生总体文化和审美的水平，动员学校所有师生员工在教学、科研、管理、生产、生活、娱乐等领域的相互作用中，共建特色校园，对学校生活主体追求的物质、制度、精神、行为等成果的总和。载体是物质、形式是制度与行为、内部核心是精神，四者共同构建成特殊文化形态，即学校文化。简言之，学校文化是一种特定生活方式，是指教师、学生、员工进行学习、工作和生活的一种精神氛围与物质环境。

教师、学生及员工均在学校文化中生活，同时也扮演着学校文化的建造者和变革者，但是也在被学校文化自觉或者不自觉地陶冶、引导与塑造，最后教师、学生及员工的行为习惯、精神追求及生活方式逐渐确定和形成。

综合以上关于文化、体育、体育文化、学校文化的阐释，可以将学校体育文化归纳为主体、客体两个方面。学校体育文化的主体是学校师生、学校管理人员、学校后勤人员、其他人员等建设学校体育文化的参与者；学校体育文化的客体是社会环境、校园环境、体育环境等影响学生成长的客观环境。学校体育文化是指在主体之间、主体与客体之间相互作用下所表现或者产生的能提高身心素质、寻找健康生活方式的体育运动，以及由体育运动产生的物质与精神财富的总和。精神财富主要是指体育运动在思想意识和价值取向方面产生的作用。

三、体育教学与学校体育文化的关系

（一）体育教学是学校体育文化的黏合剂

学校体育文化的组成部分包括学校体育行为主体文化、学校体育物质文化、学校体育精神文化、学校体育制度文化等。所有这些文化要相互作用，相互影响产生互动，大都需要以与体育教学为方式来发生，由此来看体育教学是学校体育文化的黏合剂。

（二）体育教学是学校体育文化的基础

任何文化都需要特定群众基础，形成学校体育文化同样需要学校体育行为主体学生和体育教师作为主要的群众基础。要建设学校体育文化环境将体育教学作为基础是非常必要的。从另一个方面来说，体育教学更多的是学校体育行为主体的相互作用，是体育教师的教与学生的学之间的互动性，也是体育教学的主要方式和组成部分。

（三）体育教学促进学校体育文化的发展

培养学生体育精神、体育意识、体育技能，使学生的体育文化素养得到本质提升，全面推动学生身心健康发展，是学校体育文化的主要思想和目标。在体育教学过程中，开展丰富多彩的学校体育文化活动，能够推动学生身心全面发展，使学生的体育素养得到本质提升，形成健康的人格品质，促进学校体育文化整体的发展。体育教学对学生心理素质文化、体育精神文化的培养、人文素质文化的培养、思想品德文化的培养都有重要作用。

体育教学在培养学生心理素质文化方面的体现是：帮助学生养成不怕困难的意志，以及乐观友爱、团结合作的态度，克服自身心理障碍的能力；改善和提高学生的人际交往水平，有助于学生形成顽强的意志品格，很好地融入学生群体或者社会群体。

体育教学在培养学生体育精神文化方面的表现是：培养学生百折不挠的拼搏精神、不断挑战并且超越自我的精神、友谊第一公平竞争的精神、对真善美不断追求的精神。

体育教学在培养学生人文素质文化方面的体现是：体育教师以身作则在课堂内外创造出有益于提高学生人文素养的健康环境；运用合理的教学方法，高效发挥学生的主体作用，使学生养成终身体育的良好习惯，强化学校体育文化对学生个体的影响；人文精神显著的体育项目，能够拓宽学生的体育视野，培养学生参与体育运动的兴趣，强化学生的主观能动性，形成轻松快乐的学校体育文化氛围。

体育教学在培养学生思想品德文化方面的体现是：体育教学不仅能对学生展开思想品德教育，而且在体育教学的各个环节均体现着学校的思想品德教育，学生在掌握体育知识的同时，也有助于自身形成优良的道德意志作风。

（四）学校体育文化对体育教学质量的影响

学校体育文化对体育教学有很大影响，学校体育文化对体育教学有正向提升作用和反向抑制作用，即良好的学校体育文化可以提升体育教学的质量，反之亦然。

良好的学校体育文化对体育教学的提升作用表现为：一是能够充分调动学生的主观能动性，激发学生对体育运动的学习兴趣，陶冶学生的道德情操，推动学生身心健康向好发展；二是可以强化学生的竞争意识与团队意识，克服限制超越自我，培养其创新精神，实现学生综合素质的全面发展。在学校文化建设中学校体育文化具备的价值极高，体育教师应当积极开展和参与学校体育文化活动，充分发挥自身的指导作用；学生应当加强在体育文化活动中的参与体验程度。教育性是学校体育文化价值的显著体现，同时体育文化核心也是"育"。学校作为传授知识的重要场所，集智育、德育、美育于一体，而学校体育教学同样是集智育、德育、美育于一体。因此，在不同学校中，体育教学及其衍生活动都是必不可少的必修课程与业余活动。

学校体育文化不令人满意的学校，其体育教学的质量也堪忧。学生和教师对体育教学中的体育活动的参与度、参与态度、教学效果等都不令人满意。所以，要提高学校体育文化建设以此促进学校体育教学质量的提高。

第三节 学校体育教学中体育文化的传承

人类长时间的体育运动实践是体育文化形成的基础条件。体育文化在形成的过程中表现出其自身的特征。体育文化是人类拥有的诸多文化财富中的一种，在体育教学的实践中，必须把发展起来的体育文化传承下去这一任务放在重要的位置上。

一、体育教学中学校体育文化理念的转变

（一）树立终身体育教学理念

实践证明，积极转变体育教学理念尤为重要。单方面将提高在校学生的身体素质作为目标的教育理念，会忽视终身体育与体育教育的长远效应，学生走出学校迈向社会后难以持之以恒。而秉持推动学生全面发展的体育教学理念，就是将提高学生身体素质设定为长期目标之一，将培养体育意识与体育心理等放在突出位置，结果是令人满意的。个体终生参与体育锻炼与接受体育教育之和，即终身体育教育，这一理念在现代体育教学中的作用十分重要。

学校体育课程设置的改变也反映出学校教学理念的改变，将符合学生实际需求的选课形式作为体育教学结构的基础，这是我国学校体育教学理念改革的重要表现，也是发展学校体育文化的趋势，更是学校体育以人为本宗旨的充分体现。体育教学领域终身体育能力的培养是体育教学的一项重要指标。学生的体育能力水平不仅影响其自身的学业成绩，还对其终身体育能力产生重要影响。终身体育能力的培养需要合理的引导，体育教学改革就是要建立在对其能力具有引导意义的指标体系框架内，完善其制度，使其有据可依。学校体育教学以终身体育为目标的教学理念，形成内外环境条件的配合，最终达到学生内在学习动机和外在学习策略对其终身体育能力培养的双重保证，进而完成学生独立思考能力和创新能力的培养目标，为学生提供未来独立学习、适应社会等方面所需要的技巧和能力。

人类在个体的不同成长时期和阶段都应当密切联系自身实际需求，积极接受体育教育，参与和自身情况相符的体育锻炼，并坚持不懈才可以实现预期的锻炼目标，这

是终身体育思想的体现。终身体育思想的目的主要包括两方面：一是使个体在不同人生阶段坚持学习体育知识与技能，同时积极参与体育锻炼；二是合理衔接个体不同人生阶段的体育需求，为实现完整、连续的体育教育提供保障。

（二）实践终身体育的教与学

在实际生活中，人们应将自身实际情况和体育锻炼内容与方法有机结合，根据自身变化来对锻炼内容和方法进行合理调整，树立终身体育意识。具体来说：一是终身学习者获得体育锻炼的途径和方式，应是体育教师在体育教学中传授的；二是体育教学应是让学生掌握特定锻炼方式和多种体育锻炼方法的相关技能，具备快速搜集和运用体育锻炼方面的最新消息的体育自学能力，从而养成良好的体育锻炼习惯和创新意识；三是体育教学应该多方面调动学生体育运动的主观能动性。

终身体育从不同角度来看可以分为两个方面。

一是学校教的方面。终身体育是将目的与途径设定为体育系统的整体化、科学化，向学生个体传递各人生阶段和不同生活范围加入体育锻炼的终身意识的实践过程。学校是学生接受正规系统教育、健康教育时间最长，形成正确体育、健康观的最佳时期和场所。完善的体育学习对提高学生的体育创新精神和实践能力具有重要作用。学校应切实提高体育教学的效益，发挥体育根本价值功能，让学生真正感受到体育的乐趣和作用，从而为培养学生的体育意识、体育能力、终身体育习惯打下基础，让体育切实为学生服务。

二是学生学的方面。个体在其一生中持续参与体育活动，实现提高身体素质和促使身心健康的目的。学校体育教学、各项体育文化活动的开展对学生体育技能的学习起到了积极的推动作用，但是学校体育教学的开展过程中也存在一些问题需要改善。教师的"教"与学生的"学"脱离，成了教学过程中两个分离的环节。要加强学生自主互动学习方法的应用比例，扩大学生自主练习的空间和时间，增加练习密度并加强交流，激发学生自主学习的主观能动性，提高学生体育兴趣，加强学生体育理解力，达到提高学生自主学习能力的目的。学生自主互动学习方法的课堂设计，要以学校体育教育的规律为基础，创新学生自主学习方法，构建行之有效的自主教与学的互动模式。

二、体育教学中教师教学模式与内容的变革

（一）变革体育教学模式

打破传统体育教学模式的限制，在体育教学中只有充分发挥学生的主观能动性、

学生的主体作用、教师的主导作用，才能使学生的体育文化水平达到质的飞跃。在体育教学过程，体育教师要保持良好的情绪状态，使课堂环境达到轻松、快乐的氛围，才能有效调动学生参与互动的主观能动性。要想达到师生良性沟通的目的，只有转变体育教学的模式，以学生为主体，才能实现有效对话和双向理解，师生间才能具备和谐的关系。学生有和体育教师学习某方面体育知识和技巧的积极意愿时，教师要持续调整自身态度，努力使师生关系更加融洽，推动体育课堂教学顺利开展。

在体育教学的实践过程中，教师同时具备教学者和管理者两种角色，提升教学质量的基础性条件是管理好课堂。体育教师对体育课的主要管理工作包括分组、建立课堂规则、给学生做思想政治工作、激发学生学习积极性、灵活运用教学手段、控制运动密度和强度、正确使用场地设施、及时做好安全防护措施、规范师生服装等。

对于体育教学的开展因材施教是极为必要的。在体育教学的实践过程中，应当开展学生选修课，促使学生在对体育运动项目选择时充分结合自身爱好；同时针对身体素质有待提高的学生，应当对其提出限制选择项目的指导和说明。在体育教学过程中，体育教师应指导学生认识自身实际，深入理解体育文化，再结合预期要达到的目标，对运动项目做出最为合适的选择。

（二）变革体育教学内容

体育教学在备课、选择和确定具体体育教学内容之前，应当对学生现阶段身心特征及体育水平进行深入了解。要有效发挥体育教学内容对学生身心发展的促进作用，离不开体育教师的正确指导。因此，体育教师要对学生的学习过程进行良好引导，使教学内容成功转化成学生需要的内容，并且让学生认识到教学内容的重要性，只有这样才能将教和学融合起来，推动教师和学生共同进步。由此可知，教学内容的正确选择，对学生学习体育知识、提高身体素质、养成良好运动习惯均具有积极影响。体育教学内容不仅在体育教学中占有重要地位，而且在体育教学的全过程中具有关键性作用。科学的体育教学内容在使学生德智体美全面发展的同时，还能保持学生的个性特征。科学合理的体育教学内容是师生间联系良好的纽带，能够强化师生的信息沟通。要想更好地适应时代发展的需要和学生自身发展的需要，就要在选取体育教学内容时遵循学生的成长规律和体育教学自身的特点。

三、体育教学中学生对体育文化的传承

体育素养是当人们学习和掌握体育知识、技能之后，形成的正确的体育认知、体育价值观及待人接物的态度等。从整体角度进行分析，当学生的体育素养提高后，可以推动学生多方面发展，为传承学校体育文化奠定坚实基础。学校体育教学的作用有

四点：一是使学生的综合素质得到本质提高；二是使学生的体育素养得到本质提高；三是使学生身体健康水平得到提升；四是使素质教育的良性发展得到有效推进。

动态性是传承体育文化的显著特点，传承是延续体育文化的重要条件，传承体育文化的载体是人。体育文化的传承从本质上讲属于人的创造性活动，所以传承文化和发展文化的最终结果取决于人的素质。由此，学校体育文化在被传承的全过程中，传承人扮演着关键性角色，只有传承人不断提升自身综合素质，充分发挥自身潜质，汲取各方面的优秀成果和经验，才能将体育文化精髓充分掌握与吸收，从而更好地传承和发扬。

（一）认识学校体育传统，树立终身体育观念

学校体育的发展在东西方逐渐成为社会发展与文明演进的标志和动力。体育文化的发展和传承始终是学校体育发展的中轴线。可以说学校体育是传统体育文化和现代体育文化发展的基础。学校体育教育中的足球、篮球、网球、体操、健身、健美等体育项目吸引着最普遍的爱好者，我国传统体育文化也在学校体育领域逐渐占有重要位置，越来越受学生的欢迎。传统体育项目中导引、气功、武术、太极拳等动静结合，修身养性的体育文化在我国学校教学中源远流传。学校体育传统与现代协同发展，实现了学校体育文化的推广和普及。

学校体育文化是一所学校区别于另一所学校的文化特质之一，是该校在体育办学方针、办学成绩、领导作用、学校体育风气等方面的综合反映。学校体育传统是学校体育文化得以延续和发展的基础。苏联著名教育家马卡连柯曾经指出："任何东西，也不像传统那样巩固集体。培养传统、保持传统是教育工作中最重要的任务。"一个置身于学校体育文化中的人，从他生活在校园中的那一天起，就处在一定的学校体育传统包围之中。学校体育传统本身就是一个浓重的体育文化氛围。学校体育传统作为一种文化模式的具体表现，要经过相当一段时间的积累、积淀而逐渐形成。它所形成的学校气氛能使群体各个成员产生归属感、安全感和自豪感，并使生活在这种环境中的各个成员不断调节自己的心理和行为，以利于和学校体育传统保持一致，同时得到群体的肯定，实现文化整合。

学校体育教学有助于引导学生养成良好的体育习惯，激发学生对体育运动的兴趣、爱好，并养成良好的体育习惯，从而树立终身体育观念，使体育成为其生活中一个不可缺少的组成部分。因此，学生在体育课堂内外要自觉地接受学校优秀体育文化传统熏陶，以较快地适应新环境的要求，改变原来不适应学校体育传统的行为与习惯，发扬和传承学校的优秀体育文化传统。

（二）培养体育欣赏能力，提高体育活动的参与度

体育欣赏能力是培养学生自身体育兴趣的基础。体育运动除了其显而易见的益处即能有效地增强体质，健全人体各种生理功能，塑造自身矫健、强壮的人体外，还有其特殊的感染力。随着体育文化的发展及其内容的不断丰富，体育的文化内涵越来越多、精神阵地和艺术色彩越来越丰富，体育潜移默化地感染、熏陶着人们。体育竞赛观赏也成为向青少年实施审美教育的特殊途径和有效手段。因此，在学校体育教学中，学生除了注重锻炼自身的体质及体育技能外，还要注重培养自身对体育艺术的欣赏能力和审美情趣。

培养自身的体育欣赏能力，首先，要了解体育竞赛观赏的原则，体育运动中存在大量的美，且由来已久，学生要在体育竞赛观赏过程中加深理解，就必须弄清体育运动中的真、善、美及其相互关系，把握其联系和区别，这样美的形象才会鲜明地展现在我们眼前。其次，要掌握正确的体育竞赛观赏方法。由于体育运动中包含的因素异常丰富，为提高自身观赏多样的体育运动、加深对各竞技项目特点的理解，学生就要培养学习体育的自主意识，将整个运动形态加以分类，揭示体育运动中美的一般规律，最大限度地认识各项目对人体健美的效益，提高自身对体育的观赏效果和审美情趣。国外学者分析了运动美的要素，主要包括实践性（灵敏性、速度、节奏）、空间性（幅度、高度、重量）、坚韧性（强度、激烈、顽强）、精致性（巧妙、准确、均衡）、愉悦性（华丽、热爱、惊险）、优雅性（柔和、流利、高尚）。学生可以以此为鉴，有意识地培养正确欣赏体育竞赛的方法，从而激发对体育的兴趣，进而提高自己对体育活动的参与度。

此外，学生通过体育竞赛观赏，能培养自我的体育精神。赛场上的运动员，在受了伤的情况下依然坚持比赛到最后，即使他们没有获得名次，他们坚强的意志也成了体育运动宝贵的财富。这增进了学生对体育精神的理解，从而提高对体育的兴趣，甚至其不屈不挠、顽强拼搏的体育精神对自身综合素质的培养产生重要的影响。

（三）传承学校体育文化，实现终身体育目标

学校体育作为大众体育的重要组成部分，积极探索适合我国民族传统的体育教学是学校体育改革的方向。当今高校的体育教学不是一个封闭式的教育，体育教学有时会外延到与社会体育团体的合作，学生对体育的学习不仅限于实际的课堂和校园内部，体育内容和形式的多样性，为学生参与体育活动提供了多种选择性，但是同时对学生的选择能力提出了要求。学生应该在正确认识学校体育传统和有足够体育欣赏能力的基础上，有效地传承学校体育文化，同时在终身体育观念的指导下积极参与体育活动。学生还可以积极发挥自己在体育方面的创新思维，比如组织一些学生自己举办的竞赛

活动：街头篮球对抗赛、太极演练等，利用自身的影响力，激发周围学生的体育兴趣，从而为传承学校的体育文化贡献自己的力量。

自 2008 年北京奥运会成功举办后，特别是 2015 年 2 月，中央全面深化改革领导组第十次会议审议并通过了《中国足球改革发展总体方案》，并指出建设体育大国和体育强国。各项体育运动的规模和影响在我国达到空前繁荣，掀起了全民体育运动浪潮。在这一全国性体育氛围的熏陶下，学校学生也要积极培养自己实现终身体育目标的决心。从调查结果来看，当前大学生对体育运动的态度是十分积极的。学生要充分认识自身体育素质，积极参与适合自己并且自己感兴趣的体育运动，坚持终身体育的目标。使原本不喜欢体育运动的自己喜欢上体育运动，使原本喜欢体育运动的自己更加贴近自己喜欢的体育运动，并且把终身体育作为目标坚持下去。

第四节　体育教学与学校体育文化的融合发展

体育教学要与学校体育文化融合发展才能更好地发挥作用，这在很大程度上是由学校体育文化的功能决定的，两者融合的方式也是多种多样的。

一、体育教学与学校体育行为主体文化的融合发展

体育教学是实现学校体育目标的基本形式，是对学生进行有目的、有组织的教育过程，是学校体育文化的基本组成部分。体育教学在培养学生终身体育意识和锻炼习惯这一目的主线上，应提倡传统体育项目的开发和本地区民族体育的挖掘与教学，增加体育项目的趣味性、文化独特性。体育是教育的重要手段，是学校课程体系中的重要组成部分。学校体育教育对培养学生的体育意识、体育能力、终身体育习惯、健康意识有举足轻重的作用。体育是健康生活方式的基石，是促进健康的载体，是提高人的生命和生活质量的重要基础与保证，体育学习对学生的发展具有多方面的价值。通常来说，学校体育教育是受教育者接受体育教育时间最长的一个阶段，是形成正确体育观的一个导向台，是达成体育目标的载体。

学校尊重并力图实现每位学生公平参与各项体育活动的权利。在实际教学过程中，学校和教师要对各项体育活动、体育竞赛活动进行全力革新与完善，充分挖掘和发挥体育活动、体育竞赛活动的价值和功能。在安排各项群体活动项目时，以学校实际情况作为重要依据，传统项目与重点项目优先安排，妥善加入一些激发学生运动主动性的体育活动和竞赛项目，同时还要兼顾活动的可执行性及提升运动水平的目的性。

对于体育文化节的举办，将其开展范围锁定在学校内，要将学生放在主体地位，

充分发挥教师的主导作用。春秋两季气候适宜体育活动，所以选择在春秋两季开展的运动相对较多。通常情况下，体育文化节会维持两周时间，学校特色和所属地域不同，文化节内容也存在很大差异。体育文化节应当同时包括很多类型的项目，进而带动学生参与的积极性。开展学校体育文化节，不但能让学生深入认识体育文化。还能让更多学生参与到传承和弘扬体育文化的队列中。对于体育文化来说，学校文体活动能够使其在学校范围内传播得更加广泛，学校应当积极开展体育文化节活动。

在进行具体的体育教学安排时，要有所侧重，要将不同类型的运动会项目均匀安排于整个学年中。对运动会等大型体育活动展开统一安排和规划，将学校教育计划、气候变化、国家法定节假日及项目数量等众多因素全部考虑到。尽量把学校大型运动会或大型竞赛活动安排在每年的同一时间，使其成为学校特色与传统。除此之外，教师要时刻谨记学生的主体地位，重视发挥学生的积极性，解放其学习方面的天性。在学习过程中，学生不仅要主动参与其中，而且要积极带动其他学生的主动性。

二、体育教学与学校体育物质文化的融合发展

体育课外活动组织形式相对于课堂活动富有变化、具有灵活性。体育课外活动组织形式灵活的根本原因在于其性质。由于学生间存在着巨大差异，所以固定不变的体育活动形式是与实际相违背的。因而，要想使学生群体的不同需求得到满足，积极调整和变换运动形式是十分必要的。因此，校内体育俱乐部活动受到了广大学生的欢迎，学生可以参照自身在体育方面的优势和喜好加入。校内体育俱乐部导向性明显，体育活动的最终效果好，当前受到越来越多学生的欢迎。目前，单项俱乐部与综合俱乐部是学校体育俱乐部的两种重要形式。

这就需要结合学校的场地器械、学校综合师资水平、现有体育优势等。在管理校内体育俱乐部时，应当专人负责与管理，密切结合本校体育工作的整体规划与各项具体计划，进而科学确定体育活动的各项目标、具体运营方式、具体人员安排等多个方面。与此同时，在筹集经费、合理分配和安置体育场地和体育器械方面也要做好相应工作。

学校在体育物质文化方面还要加强体育社团网站的建设。理想的社团网站，不但对不同社团的组织结构完善状态有相对客观的反映，而且能够在很大程度上推动学校体育文化的发展进程。但现实情况是，我国大部分大学体育社团没有建设专门网站或网页，这样就会降低大学体育社团的影响力，可能难以吸引学生的参与。

三、体育教学与学校体育精神文化的融合发展

变革体育教学理念、创新体育教学体系，是融合体育教学、体育、体育文化的基础性途径。学生不应将获取学分作为参与体育课的唯一目的，体育教师要将体育教学

终极目标向学生说清楚。学校要积极推动体育课程改革的整体进程，将部分注意力放在培养学生树立终身体育意识方面。在大学三年级和大学四年级，可以适当加入某些休闲体育运动项目，使学生持续参与体育锻炼，进一步巩固或者加强学生的体育精神文化意识。

健身功能、修身功能、养心功能是民族传统体育的主要功能。因为民族传统体育将文、武有机结合，所以可将民族传统体育作为人数较大人群的教育方式。因为儒家伦理道德为核心的社会文化体系在过去的很长时间内影响着我国主要民族，所以民族传统体育的民族特色十分鲜明，因此，把文化内容深层次融入教学方式与教学功能中，从理论上讲更容易实现学生身心全面发展，推动中国体育教学不断向前。在体育教学中加入民族传统体育的元素还对建立良好的学校体育文化特色与传统有促进作用，很好地实现了与学校体育精神文化的融合发展。

四、体育教学与学校体育制度文化的融合发展

在我国大力变革和发展学校体育的情况下，高校有关部门和领导必须将强化学校体育文化建设置于重要位置，同时也要解决时代变迁向体育文化发展提出的各项新要求。一般情况下，学校会建立系统性极强的相关制度，采取各种措施，使学生参与体育课外活动的主动性得到高效激发。

在体育教学中，学生参与体育课外活动、完成体育活动规定的某些任务、达到学校体育终极目的，也是学校向社会输送全面发展人才的一个目标，还是学生身心发展的客观要求，这就需要相关制度的保驾护航。

作为构成学校文化的一个部分，学校体育制度文化，是关于体育一些细化制度的制定，它对高校发挥学校体育文化的文化价值具有举足轻重的作用。如在全国各类高校，基本具备学生体质健康标准、学校体育工作条例等国家下发的成文制度。然而根据实际情况进行分析，国家下发的这些成文规定在多数情况下属于理想状态之一，绝大多数高校在学校体育方面有长时间规划，但关于学校体育文化管理机构建设等方面的完善的制度化文件尚未形成。换句话说，制度化和规范化的局面只存在于大学体育的某些方面。学校体育制度文化是体育教学顺利进行的保障之一，两者也在融合中动态发展共同进步。

第六章 校园体育文化体系建设与创新发展

第一节 校园体育文化理论体系

校园内所呈现的一种特定的体育文化氛围,就是校园体育文化。校园体育物质文化、校园体育精神文化和校园体育制度文化是校园体育文化的三个重要构成因素。从具体意义上来说,校园体育文化是学校的教师、学生及其他人员在体育教学、健身运动、运动竞赛、体育设施建设等活动中形成和拥有的所有的物质和精神财富,以及其所外延的体育观念和体育意识。可以说,校园体育文化是在遵循学生主体地位的基础上,将课外体育文化活动作为主要的内容,充分体现校园精神这一显著特征的一种群体文化。广义上所说的体育文化群,就是由校园体育文化与竞技运动文化、大众体育文化这几个方面所共同组成的。

由此可见,校园体育文化是在校园这一特定的环境中产生和发展的,其结构本质是一种耗散结构,其系统是一个动态系统,其根本是一个不断创造的过程。

一、校园体育文化的结构

通过对校园体育文化的分析和研究发现,很多学者都从自身的角度出发来对校园体育文化加以研究,并且对其结构和内容进行了相应的划分,其中,较为普遍的观点是将校园体育文化分为三个层次,即物质文化层、精神文化层和制度文化层。每个层次的校园体育文化都有着其各自的内容和范畴。

1. 物质文化层。主要是指体育文化的物质要素,也是文化的物质的实体层面,有时也被称为物质文化,凝结体育文化特质的各种物质产品都属于体育物质文化的范畴。

2. 精神文化层。实际上就是指体育文化的心理要素,是文化的精神、观念层面的重要内容之一。

3. 制度文化层。实际上就是指体育文化的行为要素,换句话说,就是体育文化的行为方式,属于制度规范的层面。

二、校园体育文化的内容

通过对校园体育文化的结构分析可以得知，其主要有物质、精神和制度三个层次，由此，也可以将其内容确定下来，即物质文化、精神文化和制度文化，具体如下：

（一）校园体育物质文化

物质文化实际上是实体文化的一种。体育物质文化是以体育目的和需要为主要目的而对自然客体产生相应作用的文化。

校园体育物质文化主要包含体育运动形式、体育设施等方面，这些因素组合在一起，特有的校园体育文化景观便形成了。在校园中，体育物质文化包含着非常丰富的内容，其中，体育建筑、运动设施、运动器材等是最为主要的几个方面，除此之外，体育雕塑、体育标语、体育图书音像资料等一些文化现象也属于校园体育物质文化的范畴。

在整个校园体育文化系统中，物质文化处于基础性地位，同时，也有着客观保障的重要作用，缺少物质基础，校园体育文化活动就不能正常运行。

校园体育物质文化有着自身的显著作用，可以将其分为以下两个方面：

1. 客观实用作用。体育物质事物本身在校园文化活动开展过程中就具有一定的实际作用，比如，体育建筑、设施、场地和器材等物质文化能够使教师和学生的体育教学活动的开展和参加课余体育活动的场所和载体得到有效保证，可以说，这是改善和提高学生物质文化生活的基础设施。

2. 丰富精神和情感体验作用。校园体育物质文化的客观的外在实物会对学生的内心产生潜移默化的影响。

（二）校园体育精神文化

校园体育精神文化，也被称为体育价值观，具体来说，就是指校园内全体体育教师、学生及相关人员在体育精神层面上的普遍自觉的观念和方式。比如，体育观念、体育风尚、体育精神、体育道德等都属于校园体育精神文化的范畴。

对于任何一种事物来说，精神大抵与其重要的灵魂与核心在一起，没有精神的事物其存在是没有意义的。对于校园体育文化来说也是如此，它的内部也有最核心的精神文化驱动，精神水平和"视角"的高低在很大程度上对主体文化的水平产生决定性影响。可以说，校园体育文化中的校园精神文化是处于主导地位的。

不管对于什么样的精神文化，都是可以通过对个体和集体的精神领域产生一定的影响来对个体和集体的实际行为的实现起到积极的促进作用的。

从某种意义上来说，校园体育精神文化的教育作用和行为导向作用是非常显著的，能够为学生积极、主动参与体育学习和体育活动起到重要的引导和导向作用。

（三）校园体育制度文化

制度文化，是一种具有特殊意义的文化形态，这种特殊主要从两个方面得到体现：一是，其不能被归纳到物质文化中；二是，其也不能归纳到精神文化中，它是一种介于物质文化和精神文化之间的一种文化形式。

校园体育制度文化不是单一存在的事物，它是由多种元素构成的一个统一的体系，这些组成元素包括很多方面内容，比如，组织、政策、体制、规则等。

制度文化是校园体育文化建设的保障。制度是校园体育的组织规则，校园体育活动的组织和开展需要制度的支持。

校园体育制度文化也有着其显著的作用，主要表现在以下两个方面：

1. 规范作用。校园体育制度文化能够充分体现出体育意识，能够有效规范校园体育文化活动。

2. 纽带作用。校园体育的相关内容中，几乎处处都能看到各种制度的身影。制度文化是学校体育的综合形态，同时也是精神形态与物质形态的中间层面，因此，其能够将两者有机联结起来，起到重要的纽带作用。

三、校园体育文化的功能

校园体育文化本身具有一定的功能性，具体可以从以下几个方面得到体现：

（一）导向功能

校园体育文化能够对校园中学生的业余体育文化生活进行积极的引导，从而使其能够朝着正确的方向发展。校园体育文化在某种程度上将国家、集体和校园个人利益相一致的体育目标体现出来，同时，校园体育文化也将其校园人的一切体育行为与现实确定的体育目标的引导作用充分体现了出来。

一般来说，校园体育文化的导向作用实现的途径主要有两个方面：一是国家和学校的体育发展战略、路线、方针、政策，以及由此产生的社会价值导向对学校人的指导作用；二是通过校园体育文化本身蕴含的世界观、价值观、道德观等来对学校人产生潜移默化的文化影响和导向。因此可以说，在校园中举行的各种体育文化活动都会在不知不觉间对学生产生影响，这能够在一定程度上对学生的价值取向起到积极的引导作用，从而使学生能够形成正确的体育认识。从这一层面来说，校园体育文化建设就是要在育人过程中建立起具有正确导向的机制。

（二）育人功能

学校中的体育将其培养全面发展的人才的重要作用，也就是所谓的育人功能充分发挥了出来。在学校体育教学中，学校体育文化作为一种相对独立的文化体系，它通过一种无形的力量无形地教育着处于这个大环境中的每个人，将他们逐渐同化为群体中的一分子。

学校体育的育人功能主要从两个方面得到体现：一是，学校体育以"必修课—体育课"的形式将体育知识、技术、技能传授给学生；二是，学校体育中开展的课余体育活动，能够使学生的知识结构和所开发潜能都得到有效的改善，同时，还能够有效发展其个性，满足其社交需要，丰富其精神和物质生活，进而对其身心健康发展和继续社会化等产生积极的促进作用。

（三）凝聚功能

校园体育精神文化往往是校园体育文化凝聚功能的主要表现形式。校园体育文化建设将形成一种内求团结，以活跃校园氛围；外求发展，以提高校园声望的精神风貌作为重要目标之一。校园人和体育之间，通过校园体育文化紧密联系在一起，使其对学校体育的目标、制度和准则产生认同感，并将之与作为学校一员的使命感、归属感和自豪感所形成的向心力、内聚力和群体意识结合起来，通过整个个体目标，使其成为学校体育的总目标。

作为一项群体文化，校园体育文化本身是由群体共同建立起来的，同时也会反作用于群体中每个个体，使个体将这种集体的行为风尚内化为自我要求的一种文化形式。对于很多体育项目来说，参与者的密切配合和共同协作是所必需的，长期的风雨同舟，能够使参与者相互理解和互相帮助。这也是以大局为重的价值观念得以形成的重要原因之所在。因此，通过校园体育能够对校园人热爱集体、关心集体、服从集体、维护集体起到积极的教育作用，对学生的群体意识和集体主义观念与精神进行积极有效的培养。同时，在长期的集体生活中，学生会互相理解、帮助和协作，会逐渐增强集体荣誉感和团体内聚力。因此，校园体育文化的凝聚功能是非常重要的。

（四）健身功能

当前，健康意识已经深入人心，人们对健康的关注程度不断提升，因此健身也成为人们日常生活中的重要组成部分。校园体育文化有着显著的健身功能，究其原因，主要是由于校园体育文化往往是借由多种形式体现出来的，而体育活动是校园体育文化的主要形式，它能够对校园人的身心健康起到积极的促进作用。具体可以从以下几个方面得到体现：

第一，校园体育文化中各种各样的体育活动的举行，能够对校园人中枢神经系统的功能起到良好的改善作用，能够使人头脑清醒、思维敏捷。

第二，校园体育文化中各种各样的体育活动的举行，能够对学生内脏器官生长发育、健美体形的塑造起到积极的促进作用，进而达到有效提高人的劳动效能和运动能力的目的。

第三，校园体育文化中各种各样的体育活动的举行，能够使校园人朝气蓬勃、充满活力、生活愉快、精神健康，同时，还能使其意志消沉和情绪沮丧等不良情绪和心理状态得到有效改善，最终使其达到性格豁达，进而使其适应自然环境和社会环境的能力和对疾病的抵抗能力得到有效提升，从而达到延年益寿的效果。

（五）娱乐功能

对于校园中的学生、教师和相关工作人员来说，长期处于学习和工作中，焦虑和疲劳是时常可能出现的，这就会对学习和工作效率造成不利的影响，最终对学习和工作的效果及成绩产生影响。这时就需要通过某种手段和方法来缓解情绪、消除疲劳，而校园体育文化活动就是非常理想的选择。

一般来说，充足的校园体育文化内容，往往都具有较为浓厚的娱乐色彩，而这一点与校园人的生理、心理特点和文化需求是相适应的。在开展校园体育文化活动的过程中，学生能够暂时忘却工作和学习的烦恼，缓解和释放焦虑和紧张等心理压力，进而获得精神愉悦与自由，保持乐观情绪。同时，还能通过这些体育文化活动陶冶校园人的情操，净化校园人的心灵，使其达到享受生活乐趣的目的，从而获得身心和谐、健康的生活。

（六）沟通功能

在学校体育教学中，受传统教学方式的影响，学生和教师、教师和教师、学校和学校、地区和地区之间会不同程度地存在沟通障碍。随着现代社会的发展，计算机和网络技术逐渐进入学校教学之中，这就为教学活动带来了便利，也正因为如此，这种存在于师生之间、年级之间、学校之间、地区之间的差异越来越显示出自己的弊端，在这种情况下，校园体育文化活动就将其"润滑剂"的作用充分发挥了出来。校园体育文化通过其丰富的体育活动，使校园内各层面群体间交往得到进一步的拓展，其相互之间的交流和沟通也会有所增加，相互接触的机会增强，许多封闭的障碍也被打开了，从而增加了交往的频率，可改善人际关系、获得凝聚力和向心力等。

第二节 校园体育文化的现代化发展与创新

一、校园体育文化与体育教学改革创新

在校园体育文化的发展过程中，体育教学的改革创新发展起到积极的推动作用。因此，校园体育文化与体育教学的改革创新是非常重要的。具体来说，可以从以下几个方面分析和研究：

（一）进一步促使校园体育文化建设与体育教学改革的结合

高校校园文化建设和校园体育文化建设的进一步加强，能够在很大程度上推动高校体育教学改革。另外需要强调的是，高校体育教学改革过程中，人文关怀的加强，"以人为本"改革理念的贯彻落实也是非常必要的。校园体育文化建设的加强，要求不断完善校园体育物质文化建设、校园体育精神文化建设、校园体育制度文化建设和校园体育行为文化建设，从多方面综合探索校园体育文化发展的新途径，这对校园体育文化建设迈上新台阶起到积极的推动作用。高校在开展体育文化建设过程中，要以本民族、本地区、本校的现实为主要依据，以大学生身体素质、文化素质、民族精神的提升为出发点，来开展校园体育文化建设和高校体育教学改革。

（二）借助于文化传承创新以对校园体育教学改革起到积极的推动作用

高校体育教学改革的不断推进，是需要一定的助推力的，这主要是指不断推动文化的传承与创新。可以说，这种促进作用主要在文化的传承创新能够解决体育教学改革的意识形态领域的指导问题上得到体现。一方面，文化传承创新能够使体育教学改革理念得到进一步完善。在高校体育教学改革过程中，一定要对学生的全面发展和终身体育意识、学生的主体性和创造性倍加重视，同时还要将学生的良好体育行为和体育习惯作为培养的重点，从而使学生的体育精神和文化素养得到进一步增强，使体育教学改革促进学生素质全面发展和身心健康发展的目标得以顺利实现。另一方面，文化传承创新能够为体育课改革提供必要的理论支撑。中华文化是高校体育改革理念的主要来源。通过高校体育教学改革，能够使学生主体地位与教师主导地位的发挥得到进一步加强，同时也能够为学生提供更加舒适、愉悦的体育学习环境。

（三）高校体育教学改革将其在文化传承创新方面的推动作用充分发挥了出来

高校体育教学改革工作的不断加强，会对文化的传承与创新起到积极的推动作用，这种作用主要在高校体育教学改革、发掘中华文化在体育领域的文化内涵与特性、促进人的全面发展及整合高校校园文化与体育文化等方面得到体现。

1. 体育课程改革将中华文化的特性充分挖掘了出来

高校体育教学改革一直处于对理论、实践的探索和创新状态中，在这一过程中，与中国特色相符的改革目标、改革方法和改革模式逐渐建立起来。如此一来，便能够更加深刻地探索并体现中华文化的特性，尤其是中国体育文化历久弥新的内涵与特性，对中国文化的传承与创新起到积极的推动作用。

2. 体育课程改革提高了大学生文化素质

当前，中国文化的传承与创新，主力军就是广大学生，因此，在高校体育教学改革中不断提高其自身综合素质，特别是文化素质，从而增强其在文化传承创新过程中的能力与作用，是广大学生应该努力做到的重要目标。高校体育教学改革对体育文化的竞技性、娱乐性、健身性和民族性的统一起到积极的推动作用，同时，也对大学生体育文化素质的发展起到积极的促进作用，这就在一定程度上为文化传承与创新提供了坚实的人才基础。此外，将文化传承与创新和高校体育教学改革相结合，还要对高校体育教学改革的课程结构、课程目标进行积极有效的调整，使校园文化建设与体育文化建设的融合进一步加强，从而对民族文化与外来文化的沟通起到积极的促进作用，使传统文化在当代社会迸发出更大的活力。

二、校园体育文化模式的创新发展

校园体育文化的发展，是需要按照一定的科学模式而进行的，可以说，校园体育文化模式的创新发展，在很大程度上决定着校园体育文化的创新发展。具体来说，可以通过以下几个方面来对校园体育文化的全新模式加以理解和认识。

（一）对文化主体的需要与社会需要的关系加以协调

由于校园体育文化主体需要与社会需要之间存在一定的差异性，主要表现在出发点、形成机制、表现形式、自觉性等方面。鉴于此，妥善处理好校园体育文化主体的需要与社会需要之间的关系，明确两者之间的地位关系是非常重要且必要的。

对于文化发展的自身需要来说，校园体育文化主体是促使文化长期、健康与稳固发展的重要保证，如果忽视主体需要，那么就会使校园文化发展流于形式，导致一定的矛盾和冲突出现，甚至导致校园体育文化形成一个有序、健康发展的文化系统的目标难以实现。

尽管社会需要与校园体育文化主体需要之间存在一定的一致性，但是，也不能将主体在各个侧面不同层次的需要忽视掉，否则，就会对社会需要的满足产生不利的影响。进一步来讲，如果校园体育文化主体的需要得不到较好的满足，那么，就会导致学生在心理上对相应的文化教育产生厌倦，进而对社会需要的实现产生不利影响。

校园体育文化主体需要会对校园文化发展产生非常重要的推动力，而社会需要则会对其产生重要的影响，这两个方面都是不可忽视的重要方面。学生在发展过程中，可了解社会需要的发展动向，并将其内化为自身需要，以此来为体育文化的发展创造良好的条件。

在开展相应的校园体育文化建设过程中，首先，要对校园主体文化需要加以分析，对其生理和心理特点有所了解，加强对其的沟通和理解，将满足主体需要作为各项体育工作的重要目的。在开展工作过程中，应将社会需要作为重要的基础，将其作为衡量校园体育文化的重要标准，促进其沿着健康的方向发展。除此之外，还要通过各种方式，为校园主体文化需要与社会需要之间的一致的实现奠定坚实的基础。

（二）对外部性干预与主体主观能动作用的关系加以协调

要有机协调外部性干预与主题主观能动作用两者之间的关系，可以从以下两个方面着手：

1. 保持开放的态度

在校园体育文化的建设过程中，首先，要将校园文化建设的主体明确下来。校园文化建设的主体能够在很大程度上推动文化的需要，并且对其主观能动性的发挥起到积极的促进作用，从而使工作的效率得到进一步提升。非校园体育文化建设主体的外部干预性能够使文化建设的速度进一步加快，这就有效避免了走弯路。但是，需要强调的是，这并不是说其效率更高。究其原因，主要是由于校园体育文化主体自身进行校园文化建设，能够更好地发展自身的能动性，建设的文化体系更加有机统一，更加稳定，校园文化的主体能够更好地适应这一文化系统，其生命力更加旺盛。但是，在外部性干预机制下形成的校园文化系统则可能与校园文化主体之间难以形成融洽的关系，难以相互适应。

因此，保持积极开放的态度就显得尤为重要，具体来说，一方面，要积极做到与社会发展需求相适应，并且积极借鉴外部文化，使文化的融合吸收得以顺利实现，通过外部性干预机制来促进校园文化的建设；另一方面，要对文化主体加以科学整合，使文化主体素质的发展得以实现，进而达到有效提升主体的主观能动性作用的目的。

2. 发挥市场调节机制的作用

现阶段，我国已经将中国特色社会主义的发展道路确定了下来，也通过各种途径来进一步深化教育体制改革。在人才培养过程中，市场发挥的作用逐渐得到重视，并且以此为依据，来有针对性地培养社会所需要的人才。

行政干预会对市场的调节机制造成一定的破坏，对于市场调节机制的发挥是非常不利的。鉴于此，就要求政府应积极履行政府职能，维持市场对人才需求的导向作用，使良好的人才培养模式发挥积极的促进作用。

（三）将起主导作用的制约因素的影响排除掉

当前，校园体育文化发展的制约因素主要有人生价值取向、社会交往模式、价值本位类型、价值思维方式这几个方面（这些也是要排除其影响的方面）。

1. 人生价值取向

从简单意义上来说，人生价值取向就是人应该怎样度过人生才算是有意义的。

2. 社会交往模式

所谓社会交往模式，实际上就是人与人之间、人与社会之间应该遵从的规范。

3. 价值本位类型

所谓的价值本位类型，实际上就是在对事物进行价值评判时应该坚持的基本标准。

4. 价值思维方式

价值思维方式，实际上就是在进行价值的选择与判断时所运用的各种思维方式。

文化中包含着非常丰富的内容，其中，有优秀的部分，也有糟粕的部分。而校园体育文化的发展，需要汲取其中优秀的营养部分，摒弃掉糟粕部分。这样，塑造体育文化发展的全新发展模式才有可能得以实现。我国积极倡导建立社会主义核心价值观念，促进精神文明建设，这对于主导性制约因素的影响具有积极的意义。

第三节　校园体育文化体系的科学建设

一、校园体育文化建设的原则

在校园体育文化建设过程中，需要遵循一定的原则，以此来保证校园体育文化建设的正确方向。具体来说，应该遵循的基本原则主要有以下几个方面：

（一）"以人为本"原则

校园体育文化的主体是学生。学生不仅是创造者，也是体现者，更是祖国建设的主力军。因此，这就要求校园体育文化建设要在素质教育的基础上，将德、智、体全面发展的综合性人才作为重点培养的目标，让学生在学校得到充分锻炼，对体育观念、体育精神、体育价值、体育道德有一个正确的认识，并把"公平、公正、公开"的体育原则、"更高、更快、更强"的体育精神融入平时的生活和学习当中。

同时，学生还是一个社会体育的传播者，因此，这就要求其自身的体育组织能力要不断地强化，从而更有力地为社会全民体育健身服务。

因此，在将"学生"这一校园体育文化的主体确定下来之后，就要求学校组织的体育活动要以学生为核心，对学生的需求加以了解，这样的体育组织活动才是有意义的组织活动，其文化形态才是具有一定生存价值的。

（二）与时俱进原则

各个时代的特征，往往是从其文化形态上得到体现的，同时也取决于文化形态。不管是表面的形态上，还是内在的实质上，都必须与社会发展相适应。随着社会经济的发展，社会在不断地进步，现代经济、科技、生活日新月异，人们对体育的要求也在不断地改变。当前，全民健身的热潮已经取代了之前对某个运动项目的追捧，人们对精神文化的追求越来越高，这与之前人们单纯的物质追求也有了较大的差别。在这样的大背景下，校园体育文化必须随着社会需要而转移建设方向，只有与社会同步发展，才能更好地与现代社会相适应，为社会提供更好的服务。

（三）协调性原则

校园体育文化建设是一个系统工程，其有着很多构成因素，要想保证其建设的顺利进行，就必须让各种因素协调发展。具体来说，要做好以下几方面的协调工作：第一，要做好课堂教育与非课堂教育之间的协调工作；第二，要做好"软"与"硬"的协调工作，具体来说，就是体育场地、器材、体育师资、体育组织等硬件建设与体育精神、体育制度、体育观念等软件建设之间的协调。

（四）客观性原则

时代不断更迭发展，会有很多产物，校园体育文化就是其中的一个重要组成部分，因此可以说，它有实质性的内容，如物质设施、学生主体、管理制度等，不是一个空虚的文化概念。这些都是客观存在的，而对客观存在的东西，我们不能以主观的臆断作为标准，必须以客观的眼光进行观察。因此，在教学过程中必须结合学生的客观事实进行不同教育。总的来说,校园体育文化建设必须以客观事实为主要依据。

二、校园体育文化建设的要求

在进行校园体育文化建设时,仅仅遵循基本原则是不够的,还要做好相应的基本工作,这样才能保证校园体育文化建设的顺利实施。

(一)物质文化建设要具有实用性和安全性

实用性是首先要考虑的重要方面,应尽可能使学生体育运动需求得到最大限度的满足。

健康体育,所追求的就是健康,因此安全是需要强调的重要方面。在学校体育活动中,事故的出现与这一理念是相违背的。所以,这就要求在校园体育物质文化建设时要特别强调安全性,要对体育场地、体育器材等进行经常性检查,将存在的各种安全隐患消除掉。

(二)要保证组织的多样性

校园体育文化建设必须与时代发展的要求相适应,这是根本要求。当前,学校体育活动多样性、健康性、娱乐性已经成为校园体育文化发展的必然趋势。鉴于此,就要求校园体育文化建设必须走多元化道路,组织形式必须突出多样性,给学生更多的选择空间。除此之外,还要建立起一个多元化的组织模式,从而使学校体育活动的覆盖面有所增加,进而吸引更多的学生参与到体育锻炼中来。另外,组织形式的多样性也能够将校园体育文化的健康性、娱乐性凸显出来。

(三)要保证健康性和娱乐性

在校园体育文化建设中,"健康第一"是非常重要的一个理念。首先,健康的体育锻炼环境是非常重要且必要的;其次,健康的体育意识也不可或缺,这就要求在校园体育文化建设过程中,要加大对学生树立体育意识的宣传,帮助学生树立正确的体育观、人生观,让体育精神深入学生的生活行为当中。

学生对于枯燥的校园学习生活,往往会产生焦虑和疲劳的不良精神状态,长此以往,不利于学生的身体发育、心理发育和学习。而校园体育文化的娱乐性是学生身心得到放松的最佳途径。丰富多彩的娱乐项目,能够使学生获得精神愉悦和自由,并保持乐观的情绪,暂时忘掉学习过程中的烦恼和焦虑,在一个松弛有度的校园生活环境中健康成长。

（四）持之以恒地进行体育建设

学生要想熟练掌握体育锻炼技术，不断提升其体育意识，就必须长期不懈地进行体育运动锻炼，因为这并不是一时半会能做到的。校园体育文化氛围的创设、健康发展道路的探索也是在历史的进程中逐渐实现的。另外，校园体育文化建设中所出现的问题永远伴随着校园体育文化建设的全过程，而且这些问题往往带有时代的因素。因此，校园体育文化建设必须做到持之以恒。

三、校园体育文化建设的科学路径

要想科学地建设校园体育文化，必须借助于科学的路径，具体来说，可以从以下几个方面有针对性地加以建设。

（一）校园体育物质文化建设

1. 科学布局，使校园体育物质文化环境得到进一步优化

对于很多学校来说，其体育运动场和体育场馆有着非常重要的作用和意义，具体来说，其不仅是学生和高校教育工作者锻炼、休闲、聚会的场所，还是反映学校物质文化的形象工程。现阶段，各高校不断扩招，这就进一步加大了学校教学设施建设的压力，因此，很多高校开始加大这方面的资金投入，使学生学习的环境得到了改善和优化，满足了高校体育教学与训练的需要。所以可以说，高校体育场馆和基础设施建设是高校校园建设的重要部分。这就要求校园场馆的布局要尽可能地做到科学、合理，要与校园环境协调一致，否则，会对校园的整体规划和体育场馆的使用率产生不利影响，同时也会给学生的锻炼造成不便。从某种程度上来说，科学合理的布局是高校体育场馆设施发挥其价值的关键，同时也是整个校园环境是否协调的重要标志。

2. 精心设计体育人文景观，提升高校体育物质文化品位

在文化的环境构建中，物质文化是处于基础地位的，精神文化是在此基础上发展起来的；反过来，精神文化也会反作用于物质文化，这种反作用主要是指导向作用。依据学校体育建设的需要，在校园内适当挖掘体现学校体育文化的人文景观，能够使高校体育物质文化得到进一步的丰富和充实，从而对学生产生潜移默化的影响。

高校的人文体育景观的设计与建设能够将人们的智慧充分体现出来，进而促进人们对体育的理解和诠释。由于每所学校有着不同的办学历史、办学理念、办学区域、办学方式，以及传统校园文化与时尚体育文化的区别，因此其校园体育文化也是各具特色、不尽相同的。通过校园体育人文景观的建设，能够使校园体育文化品位的基础得到有效提升。这是高校体育文化的外在标志，对于形成良好的校园体育锻炼氛围和

宣传弘扬体育精神有着积极的作用。

3.通过教师进修保障机制的建立来达到有效优化校园体育人力资源的目的

高校体育教师是校园体育物质文化建设的重要主体之一。因此，这就要求政府要通过制度上的完善来使体育教师的进修机会得到保证，从而使高校体育教师的整体素质得到有效提升。同时，"人文奥运""以人为本"的理念在高校的指导作用也要进一步加强，从而使高校体育教学的改革进一步深化。为体育教师的发展创造更多的机会，以加速体育教师观念的更新。除此之外，树立"体育是一种教育文化"的观念也是非常必要的，比如，可以通过定期举办体育理论研讨会，树立教师的体育教育观念，提高体育教师的人文素养。

（二）校园体育制度文化建设

1.结合实际，建立健全高校体育规章制度

高校体育规章制度是各高校以学校自身的实际情况为主要依据，与国家制定的有关学校体育法规有机结合起来，确保学校体育活动行为准则的实施。通过高校体育规章制度的制定，能够使国家有关体育法规规定的体育教学任务、训练与竞赛及群众体育活动的开展得以顺利完成，同时还能继承与发扬学校优良的传统体育文化，使学校的校园体育文化具有一定的特色，从而对人才培养产生一定的影响。

因此，各高校体育规章制度必须与学校体育实践紧密结合，解决学校体育所面临的问题，规范学生和高校教育工作者的体育行为，指明学校体育的发展方向。

2.以人为本，使高校体育制度人性化

高校制定体育规章制度的主要目的在于为高校体育的发展提供更好的服务。从本质上来说，校园体育文化是一种以广大师生生存、享受、需要为出发点、归宿点和最高价值目标的人文形态，一直以来，校园体育文化都能够将人文精神、人文目标、人文价值理念充分体现出来。也正因为如此，高校体育文化被赋予了深刻、内涵丰富的人文精神。"育人"是高校所有体育文化活动开展的目的所在，因此，促进参与主体全面发展为目的，使之形成科学的世界观和方法论，树立正确的价值观和人生观，可使高校体育文化与高等教育有机结合，从而对广大师生产生潜移默化的教育作用。

高校体育规章制度要将人性化特点充分体现出来，就要求从教育的角度出发来制定所有的相关制度，对学生坚强的意志和团结协作的精神加以培养，以提高学生体育文化素养，使学生在体育活动中接受教育，对成功有更加深刻的体会。

除此之外，处理好高校体育资源的公益性服务与高校体育产业化的关系，纠正高校体育文化产业化的误区，对于高校体育制度的人性化建设也有着非常重要的影响和意义，所以要将其作为关注的重点。

3.将责任加以细分和定位,使校园体育文化部门的职能充分发挥出来

我国学校体育从中央到地方实行的都是教育行政部门和体育行政部门的共管机制,这就在一定程度上将体育与教育交织的双重性特征充分体现了出来。学校中的体育教学部、学校行政部门、校医院、后勤部门、学工部、校团委、宣传部、校工会、学生体育协会等部门都会对学校体育文化建设起到重要的管理或协助管理作用,但是,由于很多部门之间在职能上存在着模糊不清的定位,校园体育文化建设的管理工作存在混乱、办事效率低下的情况,从而在很大程度上限制甚至阻碍了校园体育文化的发展。因此可以说,科学、合理的组织、管理体系,是校园体育文化健康发展的重要保障,不可或缺。

通常情况下,可以将校园体育文化组织、管理体系分为两个层次:一个是以学校体育文化发展需要为主要依据而成立的专门的学校体育文化建设部门,它主要是由学校各相关职能部门组成,校体育运动委员会就是较为典型的一个;另一个是具有相同兴趣、爱好和追求共同的体育价值观念的学生群体,自发成立的学生体育社团,各个学生体育协会就是其中的一个典型。这些部门都要以校园体育文化的功能和特点为主要依据,将其与知识性、专业性、娱乐性有机结合起来,使自发与指导有机统一起来。

学校各级行政职能部门要将校园体育文化建设作为关注的重点,具体可以从以下两个方面着手:

一方面,要从总体上出发,科学地设计校园体育文化建设,并且在对各部门的职责进行分工的基础上,分别指导与落实。在开展高校体育文化活动时,要坚持遵循教育性、创造性原则,将校园体育文化的功能充分体现出来。根据学校的实际情况将一支学校体育文化建设的骨干队伍组建起来,并不断地从事研究,做好校园体育文化活动的指导和组织工作。

另一方面,要对学生体育社团建设做到积极支持、热情扶持、适时引导。大学生体育社团本身所具有的显著影响力和广泛的群众基础就是其本身的优势所在,因此,在组织丰富多彩的校园体育文化活动方面有着得天独厚的条件,这对学生树立共同的目标和价值追求非常有帮助。另外,需要强调的是,在对学生体育社团建设进行积极的引导与扶植时,要切实加强管理,将社团的宗旨和章程制定出来,理顺组织体系,将民主、平等的人际关系;将浓厚的民主气氛建立起来,积极开展社团活动;将培养学生主动学习的能力作为重点工作来拓展。

(三)校园体育精神文化建设

1.强化健康体育文化观念

原有的以竞技体育文化建设为中心的建设观念模式,已经与现代社会不相适应了,

要将以健康体育文化观念为中心，多元化齐头发展的校园体育文化建立起来，并且积极开展各种以促进学生健康发展为目的，以健身、娱乐为内容的校园体育文化活动。具体来说，就是要使竞技观念逐渐淡化，而使健康、娱乐观念进一步强化，体育文化活动对参与者身体素质和技能的要求要适度降低一些，从而使校园体育文化活动成为大多数学生和教师积极参与的对象。同时，爱国主义、集体主义、拼搏进取精神和竞争开拓精神等健康的体育精神，也是校园体育精神文化建设过程中应该积极倡导的，把体育精神与学风建设融为一体，对学生形成正确的人生观、价值观、世界观定会起到积极的引导和完善作用。

2. 学生体育诚信观念教育要进一步加强

在我国的文化中，道德一直处于非常高的地位，其有着深远的影响和意义，并在政治、法律、文学、体育等方面都有着非常显著的体现。

公平竞争是体育的一个重要内在价值，不仅能够使每一个参与高校体育文化活动的个体都在创造美、感受美，还能够使每一个参与体育文化活动的个体心灵得到感化，情操得到陶冶。除此之外，使每一个参与高校体育文化活动的个体学会尊重他人、尊重自己，在公平竞争的框架上与对手既竞争又协作，进而达到超越体育竞争本身的意识，获得对手及人们的尊敬，对精神文化的发展起到积极的促进作用。

鉴于此，就要求在进行科学的校园体育精神文化建设时，一定要使学生的体育诚信教育、体育道德行为规范、健康良好的生活习性和行为方式得到较好的教育；同时，学校体育制度制定的公平性也要进一步加强，要保证执行过程中的公正性和规范性，进而对校园体育精神文化建设起到积极的促进作用。

（四）校园体育行为文化建设

1. 全力规范教学性体育活动

在校园体育文化活动中，处于其核心地位的校园体育教育教学活动是最基本的表现形式，也是学生接受正规的体育教育和训练的主要途径。高校体育教育教学活动是教师与学生之间相互交流与了解的主要途径。

要想使校园体育教学活动得到进一步的规范，就需要在体育课的教学中使体育教学改革进一步深化，将以学生的学习和锻炼为中心确立下来，培养学生树立体育意识，养成锻炼习惯，提高锻炼能力。除此之外，体育课程建设和教材的选择也不能忽视。

2. 大力开展健身性体育活动

当前，全民健身运动开展得如火如荼，在校园中也有着广泛的爱好者。从某种意义上来说，学校中的全民健身活动是我国全民健身活动较高层次的体现，在我国全民健身活动的发展中起到重要的引领作用，为我国全民健身活动中的体育人才与骨干的培养做出了突出的贡献。同时，由于高校广大师生教职员工的学习与工作时间较为固定，全民健身活动的组织工作较容易开展，规模也容易形成，全民健身活动在高校校园里的普及和推广，便于各种休闲、时尚、娱乐的非竞技性的体育项目在高校的开展。比如，阳光体育活动的大力开展就是非常典型的例子。

3. 举办开展竞技性体育活动

在学校中所开展的以竞技体育项目为内容的各种体育竞赛活动，就是所谓的竞技性体育活动。在校园中，竞技体育活动的开展，主要是为了活跃校园气氛、丰富广大师生的课余文化生活、增进交流、培养坚强的意志和集体主义精神，这与正式的竞技性体育活动是有着本质上的区别的。

积极开展校内与校际体育竞赛活动，是校园体育行为文化建设的主要途径。具体来说，通过校内体育竞赛的开展，能够对学校体育活动广泛开展起到积极的推动作用，同时也能对学生运动技术水平的提高起到积极的促进作用，这对于激发学生积极参与到体育运动中有着重要意义。而通过校际体育竞赛活动的开展，在促进运动技术水平和学校知名度得到提高的同时，还能够将学校之间在体育工作方面的优劣势体现出来，这对于学校体育文化的进一步发展和完善起到积极的导向作用。

4. 合力开展竞智性体育活动

竞技性体育竞赛是竞智性体育竞赛中的一个重要部分，其主要作用在于对人的生理潜能进行充分挖掘并使其充分发挥出来，对人体进行科学的训练和培养，可以说，其本身就是一种创智过程，通过人体活动，来将其智慧充分表现出来。

竞技性体育竞赛活动有着非常丰富的内容，可以根据其相应的特点和价值来进行分类，比如，较为主要的有各种棋牌类、电子竞技类、体育知识竞答类等。需要强调的是，这种体育竞赛活动的开展很少受到年龄、性别、场地器材、时间、天气、经费、人数各方面的限制。这类体育项目的逻辑思维能力强，与广大学生积极思考、勇于挑战的品质是相适应的。因此，这类体育项目在学校中是非常易于开展的。对这类体育竞赛活动进行相应的组织工作也是较为容易的。

总的来说，竞技性体育活动的开展，能够使学生因身体素质差异而不愿参加体育活动的缺陷得到有效的弥补，对体育人文精神的发展和宣传也是非常有益的。

（五）校园体育价值文化建设

1. 不断更新观念，将正确的价值理念树立起来

从本质上来说，体育是任何一种通过身体运动谋求运动个体身心健全发展的竞技性、表现性、娱乐性、教育性的社会活动，个体会得到其有目的、有意识的培养或改造。对于活动来说，人是客体与主体的结合体，理性思考和哲学思维都存在，因此可以说，

体育是一种以人的体育行为为特征的社会现象。

作为一种文化形式，体育在校园中也有着其特殊的作用和意义。校园体育在很大程度上体现了教师和学生的意志，它同时具备了构成校园体育文化观的文化形态和构成校园体育物质观所带来的必然结果，将师生追求、社会责任感和价值观充分体现了出来。

2.通过传媒进一步加大校园体育文化的宣传力度

在校园中，对体育的宣传，最主要的是体育课堂教学、业余体育训练、校园体育竞赛等，除此之外，校园体育传播媒体也是向学生宣传校园体育文化的重要渠道之一。

具体来说，校园内的传播媒体也是非常丰富多样的，如校电台、校园网络、校报。在校园体育文化的宣传过程中，一定要将这些物质资源充分利用起来，使学生对校园体育文化有更加充分的了解和认识，建立起良好的体育意识，使学生从无意识地关心学校体育文化建设，到有意识地关注学校体育文化建设，再到积极参与学校体育文化建设。

另外，还可以通过电台、网络等途径来对校园体育文化加以宣传，使其与广大学生进行互动交流，以便对学生在校园体育文化方面的需求有最全面、最直接的了解，同时，还能够在较广覆盖面的范围内收集有关高校体育文化建设的信息和建议，从而进一步促进高校体育文化的发展。

第七章　运动训练的原理与方法

第一节　运动训练的理念及发展创新

一、运动训练理念

(一)教育性训练理念

1. 教育性训练理念的内涵

在运动训练过程中，教练员要重视对运动员的文化教育和素质培养，并注意强调这方面的重要性，从而使训练和教育紧密地融合在一起，达到训练与教育相结合、相协调、相促进的效果，这对于促进运动训练效果的提高具有积极的作用。

2. 教育性训练理念的理论基础

教育性训练理念的理论基础是多方面的，为了对这一理念有一个更加深入、全面的了解，从以下两个方面来介绍其理论基础。

(1) 运动员的健康成长与自身文化教育水平有密切的关系

运动训练是一种社会活动，这一社会活动能否顺利进行，主要取决于教练员、运动员、管理人员和科技人员等相关人员是否能够积极参与运动训练活动，并在活动过程中密切配合。由此可见，教练员与运动员这两个运动训练中的主体的知识水平是影响竞技运动发展的重要因素。现阶段，在运动训练过程中，运动员主体性难以得到充分的发挥，而且运动员文化素质的培养也没有得到应有的重视，所以导致以往运动训练中出现了一系列的不科学的现象，具体表现为以下几个方面：训练方法与手段单一，过分强调身体素质、战术修养、心理素质等的训练，轻视了对运动员文化和人文素质的培养，使得大部分运动员在激烈竞争的训练和比赛中显得力不从心。这就在很大程度上制约了运动的发展，并且导致运动出现滞缓现象。

(2) 运动员运动水平的提高与其自身的文化素质水平相关联

现代运动的较量，主要表现在体能、技能、心智能力等几个方面的较量。在某些条件下，心智能力要比体能、技能更重要，尤其是随着运动员年龄的增长，心智因素的影响更为明显。一般情况下，具有较高运动智能的运动员，之所以能够大幅度提高自身的竞技能力，除了由于能够较为深刻地把握运动的特点和规律，并且能够更准确地认识运动训练理论和方法外，还因为能够对教练员的训练意图有更正确的理解，在高质量地完成预定的训练计划中能够与教练员完美配合。与此同时，更准确地把握运动战术的精髓和实质，在比赛中灵活机动地运用战术，动员和控制自己的心理活动等也是高智能运动员竞技能力水平较高的重要因素。

（二）人文操作性训练理念

1. 人文操作性理念的内涵

运动训练中，人文操作性理念的内涵主要从以下四个方面体现出来：①强调对运动员的尊严与独立的重视；②对运动员思想与道德的关注；③对运动员权利的关注；④对运动员生存状况与前途命运的关注；等等。

2. 人文操作性理念的理论基础

人文操作性训练理念的理论基础同样是多方面的，下面主要从三个方面来介绍人文操作性训练理念的理论基础。

（1）人的行为的实施在一定程度上受到其自身感知或信念体系的指导

人的行为受其自身感知或信念体系的影响。从人文主义、感知经验主义的角度来说，人之所以能够有行为，主要是因为有人的感知或信念体系的指导。从人本主义的角度来说，所谓的人文操纵的方法，就是教练员或领导者必须按照他们的信念体系和他们要领导的运动员或人员的信念体系来认识领导工作。

（2）运动水平的提高，基础性的要求是与自然规律和价值规律相符合

运动是自然规律和价值规律的双重存在。现代运动训练要求讲求科学性，并且符合该项目运动的客观规律。因此，为了取得理想的训练效果，在进行运动训练时，不仅要符合科学规律，还要在追求目标与实现目标的过程中符合人类正常的价值规律。除此之外，不仅要体现人文特征，还要将科学性与人文特征相结合、相统一，从而达到真与善的统一。

（3）人的主体性是人文的重点，人与技术的关系因此而更加明确

人文不仅凸显了技术的灵动，也摆脱了"技术"对"人"的控制，这就明确了人的主体性及人与技术的关系。运动训练的过程就是教育的过程，教育重视的是发展内在动力，行动力是由内在动力引导而来的。

(三) 技术实践性训练理念

1. 技术实践性理念的内涵

在运动训练过程中，运动员的训练不仅要符合运动训练的一般规律，还要符合竞技项目的本质特征及规律。运动员本身具有双重性，他们不仅是技术的主体，同时也是技术的客体。技术的物质手段作为客体，与作为主体的主观精神因素是统一的。

2. 技术实践性理念的理论基础

下面主要从两个方面来介绍技术实践性理念的理论基础，同时这两个方面也是运动员在运动训练中要注意的两个要点。

（1）技术实践性理念要与事物的客观规律相符

技术实践性的基本要求就是求真。具体来说，就是运动的技术实践性的训练要符合事物的客观规律，也就是说运动要与运动项目的本质特征及规律相符。所谓的求真，就是在运动训练过程中，要以运动的本质特点和规律为主要依据，科学地指导运动训练过程，力争做到结合实际，并且与事物的客观规律相符合。

（2）技术实践性理念要遵循从实际出发的原则

在现代运动训练中，一切都要以符合实战为主，从实际出发和结合实战是对技战术进行训练最有效的方法。运动员只有通过不断的练习，才能够在比赛中有轻松、熟练和优秀的表现。要想取得理想的比赛成绩，一定要做到积极训练，并且训练要与比赛的情况尽可能一致，最大限度地包括比赛过程中出现的所有因素，这样才能取得良好的训练效果。

二、运动训练理念的发展创新

（一）运动训练的理念需要创新思维

回顾运动训练理念的发展，人们不难发现，运动训练理念一直是在科学理论与实践经验的不断冲突和碰撞过程中得到丰富和发展的。科学理论与实践经验的不断冲突和碰撞激发了竞技体育活动过程中的创新思维。在竞技体育活动中，研究者通常把研究对象的顺序、原理、属性、结构、大小等因素通过改变常规思考和处理方向，从而引发创新的理念。例如，力量训练方法中"正金字塔"与"倒金字塔"训练方法的应用、速度与耐力训练过程中组数与次数的逆变性组合都会对运动训练产生一定的影响；田径径赛规则在田赛比赛中运动员轮次的变化也深刻地体现了逆变的色彩与效用。徐福生改变足球传统技术训练的教材顺序，从相对较难的运球技术入手，以过人突破技术为核心的侧变思维使得足球技术的掌握明显加快；球类项目中诸多类似"扬长避短""攻其不备"和"黑马奇兵"的战术变化,都是通过部分改变对象的顺序、原理、属性、结构、大小等因素或者是融合了其他思想而引发的创新思维,对竞技体育发展起到了推动作用。

(二)运动训练理念的变化发展

运动训练活动是一种开放的物质活动,总是在不断地拓展和深化,而不是原有物质活动的简单重复,因而必然会产生新情况,涌现新问题。作为训练活动的指导思想也不是一成不变的,当原有的运动训练理念不能有效地阐释新情况和解决新问题时,就要求对运动训练理念进行创新,对运动训练的本质、规律和发展变化的趋势做出新的理论概括。在不同的时期和阶段,随着项目发展的形势和变化的需要,运动队和运动员的具体情况和特点各不相同,训练理念也在不断变化。这种变化反映了人们在使自己的思想符合客观实际,以形成正确的指导思想,促进训练的发展。不过,理念的主观形式与客观实际的统一也不是绝对的,而是相对的,因为人们的认识只能相对地逼近客观实际,而不可能穷尽客观实际。因为事物的发展变化是相对的,不以人的主观意志为转移。随着运动训练实践的进一步发展,原来与客观实际相统一的理念又变得不那么一致了,并且差距越来越大,于是又需要创新。在当代科学技术快速发展并向竞技运动训练大规模介入和渗透的背景下,运动训练发生了深刻和巨大的变化,教练员的训练理念也在不断进行着补充与更新。实践已经证明,一个运动员成绩的快速提高,乃至一个运动项目水平的快速发展,往往与教练员训练理念的补充和更新密切相关。科技的进步、经济的发展、社会的繁荣,为运动训练理念的发展提供了必要的条件,同时也会催生出更新的运动训练理念,而原有的运动训练理念不会像人们所预言的那样进入衰退期甚至是衰亡期,而是经过一段时间的调整后,立足自身的优势,借鉴其他学科的长处,对自身进行有效的改造而获得新的发展。

第二节 运动训练的基本原理及原则

一、运动训练的基本原理

(一)运动训练的运动学基础

运动学基础主要指的是运动技能的基础。所谓的运动技能是指人体在运动中掌握和有效地完成专门动作的能力,也就是在准确的时间和空间里大脑精确支配肌肉收缩的能力。提高运动技能依靠人们对人体机能客观规律的深刻认识和自觉运用。

1. 人体运动系统的构成

（1）肌肉

肌肉组织主要由肌细胞组成，肌细胞为细长的细胞，故亦称肌纤维，是肌肉的基本结构和功能单位。每条肌纤维外面皆由一层薄的结缔组织膜包裹，称为肌内膜。数条肌纤维构成肌束，一个个的肌束表面也由肌束膜包裹。肌束再合成从外表看到的一块块肌肉，外面包以结缔组织膜，称为肌外膜。肌肉中，水分约占3/4，另外1/4为固体物质（如能量物质、蛋白质、酶等）。

人在参加运动的过程中，其动力是由骨骼肌不断运动来提供的，骨骼肌在神经系统支配下，收缩牵动骨骼，维持人体处于某种姿势，或产生人体局部运动，最终促进机体完成运动所需的各种动作。人体内脏器官的活动也离不开相应的平滑肌和心肌的作用。

骨骼肌是指附着于骨骼上的肌肉，是肌肉的一种。骨骼肌在人体内分布广、数量多，是运动系统的主体部分。人体内约有400块大小不一的骨骼肌，占体重的36%~40%。成年男性约占40%，成年女性约占35%。可分为中间庞大的肌腹和两端没有收缩功能的肌腱，肌腱直接附着在骨骼上。骨骼肌收缩时通过肌腱牵动骨骼而产生运动。肌腱由排列紧密的胶原纤维束构成，肌腱内胶原纤维互相交织成辫子状的腱纤维束。肌腱的一端与肌内膜、肌束膜和肌外膜相连接；另一端与骨膜紧密结合。肌腱本身虽无收缩能力，但能承受很大的拉伸载荷，而肌腹的抗张力强度远远不及肌腱。

（2）骨骼

骨骼是由骨膜、骨质、骨髓及血管、神经所构成的，它以骨质为基础，表面被骨膜包裹，内部充满骨髓。骨是人体运动系统的重要组成部分，对运动员的运动训练起着至关重要的作用。但是骨的功能不仅仅体现在它的运动功能上，它还有支撑身体的功能、保护脏器的功能、造血的功能、运动的杠杆功能、储备微量元素的功能。

（3）关节

关节是骨与骨之间借助于结缔组织、软骨或骨的一种连接。借助它连接起全身的骨骼，从而对整个人体起到支撑和保护的作用，特别是人体的运动更加依赖关节的活动是否顺畅。

关节主要是由关节面、关节囊和关节腔组成的，辅助以韧带、关节内软骨和关节唇等结构。根据关节运动轴的多少和关节面的形状等因素，可以将关节分为单轴关节、双轴关节和多轴关节三种形式。也可以根据两骨间连接组织的不同，将关节分为纤维性关节、软骨关节和滑膜关节。

2. 运动过程中人体机能的变化

（1）比赛前后身体机能变化的基本过程

在运动训练的过程中，多重刺激源作用于运动员机体，引起各器官系统的机能发生一系列变化。依据机能表现形式，大致可分为赛前状态、进入工作状态、稳定状态、运动性疲劳和恢复过程五个阶段。

①赛前状态

运动员在训练前，某些器官、系统产生的一系列条件反射性变化称为赛前状态，赛前状态可出现在比赛前数天、数小时或数分钟。

②进入工作状态

在训练活动开始后，虽然经过了一定的准备活动适应，但是人体并不能立刻达到最高的水平，而是一个逐步提高和适应的过程，这一过程被称为进入工作状态，其实质就是人体机能的动员。

③稳定状态

当机体逐渐适应比赛时，则进入稳定状态，这时，人体的机能活动在一段时间内保持在一个较高的变动范围。

④运动性疲劳

机体在运动过程中会产生一定的运动能力暂时下降的现象，一般称为运动性疲劳。该现象是由运动训练负荷引起的一种正常的生理现象。适度的疲劳可以刺激机能水平不断提高，但发展到一定程度时就会出现过度疲劳，可能会造成机体损伤以致损害健康。

⑤恢复过程

恢复是指人体在运动之后，人体的各项生理功能恢复、能源物质补充、代谢物排出等一系列变化。运动时体内代谢过程加强，不间断地代谢以满足运动时能源的补充需要，在运动中及运动停止后能源物质都在不断进行补充和恢复，只不过运动中的能量消耗大于补充，运动后的体内能量消耗慢而小于补充。

（2）一次训练中身体机能变化的基本过程

人在运动的过程中，运动训练负荷作为一种刺激，必然会引起各器官系统机能发生一系列应激性反应。在运动训练前后，这些反应可表现为耐受、疲劳、恢复和消退等不同阶段。

①耐受阶段

在运动训练开始阶段，人体的各项机能会在一定的水平上维持一段时间，并不会马上表现出衰减或降低，这一阶段称为"耐受阶段"。在这段时间内，由于机体已经从上次训练课中得到不同程度的恢复，会表现出比较稳定的工作能力，能高质量地完成各项训练任务。训练的主要任务正是在这个阶段完成的。

②疲劳阶段

经过一定时间的运动训练负荷的刺激，人体会产生一定的疲劳状况，机能能力和效率都会逐渐下降。达到何种程度的疲劳深度，正是训练安排所要达到的目的。只有机体达到一定程度的疲劳，机体在恢复期才能发生结构与机能的重建，运动能力才能不断得到提高。

③恢复阶段

训练结束后，即进入了恢复阶段，机体开始补充所消耗的能源物质、修复和重建所受到的损伤并恢复紊乱的内环境。机体在恢复阶段恢复的速率，主要受两方面影响：一方面，身体的耐受阶段持续时间的长短，耐受阶段持续时间越长，则疲劳程度越深，恢复需要的时间就越长；另一方面，运动结束后能量的补充是否及时，能量补充越及时到位，则恢复的速度越快。

④消退阶段

超量恢复不会一直持续，它会随着时间的进行而逐渐消失，而如果不及时在超量恢复的基础上施加新的刺激，已经形成的训练效果就可能会逐渐消退。

运动效果保持的时间和消退速率主要取决于超量恢复的程度，所出现的超量恢复现象越明显，保持的时间相对越长。因此，在安排运动训练的内容时，不仅应重视训练负荷安排的合理性，而且必须重视运动训练后的恢复，并在出现超量恢复后及时安排下一次训练。

3.运动训练对人体运动系统的影响

经常参加运动训练对人体运动系统有着重要的影响，其影响主要表现在以下几个方面：

（1）运动训练对肌肉的影响

参加运动训练能够充分地发展骨骼肌，使其肌纤维增粗、肌肉的体积增大、肌肉力量增加。该项运动能够使肌纤维中线粒体数目增多，肌肉中脂肪减少，从而减少肌肉收缩时的摩擦，即肌内膜、肌束膜、肌腱和韧带中的细胞增殖、增厚、坚实、粗壮；肌肉内化学成分发生变化，如肌糖原、肌球蛋白、肌动蛋白和水分等含量都有增加，从而使 ATP 加速分解，与氧的结合能力增强，有利于肌肉收缩，表现出更大的力量；可使肌肉中毛细血管增多，改善骨骼肌的供血功能。因此，经常参加运动训练的人的肌肉会显得发达、结实、健壮、匀称有力，收缩力强，运动持续时间更长。

（2）运动训练对骨骼的影响

青少年新陈代谢旺盛，在这一时期进行合理的运动训练，对骨的生长和发育有着良好的作用。经常参加运动训练，可使骨表面的隆起更为显著，骨密质增厚，管状骨增粗。这一系列骨形态结构的改变,使骨的抗压、抗弯、抗折断和抗扭转等机械性能得到提高。

骨的这种良好变化,与肌肉的牵拉作用有密切关系。肌肉力量的增加与骨量的增加有着显著相关性,且骨量增加部位与肌肉训练部位有关。当肌肉力量增大,肌肉收缩对骨骼产生的应力刺激可有效提高成骨细胞的活性。

(3)运动训练对关节的影响

定期适量的运动训练可以使骨关节面的密度增加、骨密质增厚,从而越发能够承受更大的运动训练负荷。由于运动训练项目不同,它对关节柔韧性所起到的作用也就不同。如乒乓球、羽毛球、篮球等项目,对于参与者的急转、急停能力的要求极高,这就需要参与者拥有良好的关节柔韧性。同时,关节的稳固性和灵活性又是一对矛盾,因为肌肉力量大,韧带、肌腱、关节囊就会增厚,这对关节稳固性和防止关节损伤有很大好处,但这样又势必会影响关节的灵活性。所以,在进行运动训练时,运动者要处理好关节的这对矛盾。

(二)运动训练的生理学基础

1. 物质代谢

食物中包含多种营养素,人体从食物中摄取各种营养物质,经血液循环输送到各人体器官,通过相应的代谢为人体提供能量。糖、脂肪和蛋白质等营养物质经人体吸收后,人体的组织、细胞一方面通过合成、代谢构建和更新自身储存的能源物质,另一方面通过分解代谢(氧化分解)以产生能量。物质代谢又主要包括以下几种:

(1)脂肪代谢

脂肪分解代谢产生的能量是长时间中低强度运动的主要供能物质。人体的肌肉组织中储存着少量的脂肪,在运动时产生一定的能量。当脂肪的动用(氧化)增加时,血浆中的游离脂肪酸即透过肌细胞膜进入肌细胞被氧化,而脂肪组织则水解成甘油和脂肪酸进入血浆中,以补充被消耗的游离脂肪酸。因此,脂肪首先是在酶作用下水解成脂肪酸和甘油来释放能量的。

(2)糖类代谢

食物中的葡萄糖经消化吸收后,汇集于门静脉,经肝进入血液循环,其中大部分运到各组织合成为糖原和含糖化合物,其中最主要的是到肝中合成肝糖原储存,一部分转变为脂肪和氨基酸,血液中保留的一部分糖称为"血糖",另一部分直接供组织氧化利用放出能量,同时产生 CO_2 和 H_2O 并将其排出体外。糖的氧化分解是供应人体活动所需能量的主要来源,全身各组织都能进行这一反应。糖的氧化分解包括无氧分解和有氧氧化两种主要方式,从本质上来讲,这两种形式是同一过程在两种情况下

（缺氧与氧供应充足）的不同反应方式，其反应过程在前一阶段是完全相同的，差别是在丙酮酸产生以后。糖的无氧氧化产生乳酸；氧供应充足时，丙酮酸继续氧化生成CO_2和H_2O，并释放出蕴藏在分子中的能量。

（3）蛋白质代谢

蛋白质是人体生命活动的重要组成部分，也是人体重要的能源物质之一，与机体运动之间存在非常紧密的联系。它在调节机体各种生理功能中起着不可替代的作用。一般来说，蛋白质不能直接提供人体运动所需的能量，为人体提供能量只是蛋白质的次要功能，只有在某些特殊情况下，如长期饥饿、疾病或体力极度消耗时，人体才会依靠蛋白质氧化供能。但蛋白质分解代谢过程中能产生许多物质，对糖和脂肪的供能有着重要的作用，同时，蛋白质的分解代谢和合成代谢平衡是维持人体生命活动的基础。蛋白质主要参与实现人体代谢更新，由于其主要由氨基酸组成，因此其代谢过程是以氨基酸代谢为基础的。蛋白质的代谢需要很多激素参与调解，如肾上腺素和甲状腺素能促进蛋白质的分解，表现为甲亢时，甲状腺素分泌增加，人体蛋白质分解增加，人体逐渐消瘦；当生长激素分泌增加时，人体蛋白质合成增加，肌肉健壮。

2. 能量代谢

（1）人体物质能量储备

人体通过消化系统摄取必要的能量物质，这些物质在人体中通过生物氧化反应，分解成一些代谢物，同时释放出大量的能量，这些能量通常大部分以热能的形式释放于体外，还有一部分则转化为化学能，储存在一种称为三磷酸腺苷（ATP）的高能磷酸键中，人体活动的直接能量就来源于三磷酸腺苷的分解，肌肉收缩需要ATP供能，消化管道的消化和吸收都需要ATP供能。ATP的重新合成需要糖、脂肪和蛋白质的氧化分解供能。ATP的再合成有多种途径，就其供能系统而言，主要有以下三种：

第一，磷酸原系统（三磷酸腺苷-磷酸肌酸，ATP-CP）。它是由细胞内的ATP和CP这两种高能磷化物构成，具有供能绝对值不大、持续时间很短的特点。但是，它供能快速，因为ATP是体内唯一的直接能源，所以其能量输出功率最高。

第二，有氧氧化系统。它是指在氧供应充分的条件下，糖和脂肪完全分解生成二氧化碳和水，同时生成大量的能量，使ADP再合成ATP。有氧氧化系统能生成丰富的ATP，不生成乳酸之类导致疲劳的副产品，它是人进行长时间耐力活动的主要供能系统。

第三，乳酸能系统。乳酸能系统又称为无氧糖酵解系统。它的能量产生是靠肌糖原的无氧酵解，最后产生乳酸，而放出的能量由ADP（二磷酸腺苷）接受，再合成ATP，它是在机体处于缺氧的情况下的主要能量来源。乳酸能系统对人体进行能量供应，它的作用与磷酸原系统一样，能在暂时缺氧的情况下迅速供能。

在进行不同项目的训练时，运动者应根据自身的年龄、身体条件及个人需要来选择适合的能量系统作为主导作用的运动项目，还要注意所选择的运动手段和项目的科学化。运动者除了选择有氧氧化系统的项目外，还可以适当选择乳酸能系统供能的项目，发展身体的无氧耐力。

（2）运动中三大供能系统活动的关系

在人体运动过程中，人体运动形式的不同，则其不同的能量代谢系统提供能量的能力和速率也会不同。磷酸原系统和乳酸能系统都供应能量，但ATP和磷酸肌酸的最终合成以及糖酵解产物乳酸的消除却要通过有氧氧化来实现。所以，肌肉活动所需能量的最终来源是糖和脂肪的有氧氧化。人体中磷酸原系统供能的绝对值不大，在运动中维持的时间也很短，但是能在短时间内快速作用。

总体来说，人体在运动过程中，各供能系统之间的关系与运动训练负荷的强度和持续时间密切相关。在0~180秒最大运动时，各供能代谢系统的基本活动主要表现为如下特点：在1~3秒的全力运动中，基本上由ATP提供能量；在完成10秒以内的全力运动时，磷酸原系统起主要供能作用；30~90秒最大运动时以糖酵解供能为主；2~3分钟的运动，糖有氧氧化提供能量的比例增大；而超过3分钟以上的运动，则基本上是有氧氧化供能。

随着人体运动时间的延长，供能物质由以糖有氧氧化为主逐渐过渡到以脂肪氧化为主。总之，人体在运动中，并不是由一个供能系统完成供能的，在有一个主要的供能系统基础上，其他的供能系统也会参与其中，共同完成人体运动所需要的能量供应。每个供能系统都有其独特的特点和供能能力，供能系统不同，所需要的能源物质也不同，运动中的输出功率和供能时间也会有明显的差异。

3. 运动与呼吸

运动员在运动训练的过程中，机体与外界环境之间的气体交换称为呼吸。呼吸系统包括呼吸道和肺，而呼吸道是一系列呼吸器官的总称，这些器官包括鼻、咽喉、气管、支气管。人体的呼吸过程由外呼吸、内呼吸和气体运输三个环节构成。

呼吸系统是氧运输系统的重要组成部分，其主要机能是实现机体与外界环境的气体交换，以使血液中的氧分压、二氧化碳分压、酸碱度维持在正常生命活动所允许的范围之内。人体通过肺实现与外界气体的交换，通过血液实现气体的输送和排出。人体在运动时，机体代谢旺盛，所需氧量及二氧化碳排出量明显增加，呼吸系统加强，所以运动训练（特别是耐力训练）必将使呼吸系统的形态、机能产生适应性变化。

呼吸肌主要是膈肌和肋间外肌。当膈肌收缩时腹部随之起伏，肋间外肌收缩时胸壁随之起伏。因此，以膈肌运动为主的呼吸形式称腹式呼吸，以肋间外肌运动为主的呼吸运动称胸式呼吸。成人的呼吸一般都是混合式的。呼吸形式与年龄、生理状态、运动专项等因素有关。在进行运动训练时，要根据动作的特点灵活转变呼吸方式。

4. 运动与心率

心率是运动生理学中最常用而又简单易测的一项生理指标。在运动实践中常用心率来反映运动强度和运动训练对人体的影响，并用于运动员的自我监督或医务监督中。成年人静息时心率在60～100次/分，平均为75次/分，但随着年龄、性别、体能水平、训练水平和生理状况的不同而有所不同。

一般来说，人的心率会随着年龄的增长而有所减慢，至青春期时接近成年人的频率。在成年人中，女性心率比男性快3～5次/分。有良好训练经历或体能较好者心率较慢，尤其是优秀耐力运动员静息时心率常在50次/分以下。在运动的过程中，人的心率会逐渐加快，随着运动强度的增加，心率也会相应地增快，因此，心率也是判断运动训练负荷的一项简易的指标，能够在一定程度上反映运动员的体能水平以及运动训练的水平。

二、运动训练的原则

运动训练的原则是运动员参加运动训练需要遵循的基本准则。这些原则是在长期的运动训练实践中积累起来的具有普遍意义的概念总结和有关科学研究的成果，反映了运动训练的客观规律。运动训练中运动员如不遵循这些基本原则，盲目地进行训练，不仅不能促进身心全面发展，获得良好的训练效果，反而易引起运动损伤或者运动性疾病，损害健康。下面对运动训练的基本原则进行具体介绍。

（一）竞技需要原则

竞技需要原则即指根据提高运动员竞技能力及运动成绩的需要，从实战出发，科学安排训练的阶段划分及训练的内容、方法、手段和负荷等因素的训练原则。贯彻这一原则可使训练更好地结合专项的特点和专项竞技比赛的需要，提高运动训练的专项针对性、实战性和实效性，争取获得满意的竞技比赛成绩。

贯彻竞技需要原则，需要注意以下几个方面：

第一，要围绕运动训练的基本目标，全面安排好训练和比赛。

第二，正确分析专项竞技能力的结构特点。每个运动项目其专项的特异性，决定了其竞技能力构成因素的差异性。对不同专项竞技特点和运动员竞技能力结构特点的分析，正是确定不同项目训练负荷内容的重要基础。

第三，依据竞技需要原则的要求，负荷内容和手段的选择是由不同专项竞技能力的主要因素与运动员自身的具体情况决定的。

第四，注意负荷内容的合理结构，因此，在训练过程中，在熟练掌握合理动作的基础上，应将主要精力放在如何更有效地提高体能水平上，以获得更大的力量、更快的速度和更强的耐力来实现竞技水平的不断提高。同时，对同一项目的不同运动员，还要求根据运动员自身竞技能力的特点和对手的特点，安排好心理训练的内容和手段。

（二）动机激励原则

所谓动机激励原则，指的是促使在运动员以个体为主的运动训练过程中，更好地激励其培养具备良好的运动训练动机和行为，在完成训练任务的过程中更加积极主动的训练原则。在运动训练中，要通过各种合理的途径和方法激励运动员主动从事训练。

遵循动机激励原则就是要不断激励运动员的运动训练积极性和主动性，培养其自我调控能力、独立的思考能力及创造能力。其有以下几个方面的具体要求：

第一，要满足运动员的基本生活需求。实践证明，人们只有在基本的物质得到一定的保障之后，才会进行更好层面的追求。所以，在运动训练中，运动员的物质生活需求要得到一定的保障，还要注意其人身安全等。只有这样，才能更好地引导其形成实现自我价值的更高层次的目标和追求，从而产生良好的运动训练动机。

第二，要对运动训练的目的性和运动员正确的价值观进行培养，使其逐步形成自觉从事运动训练的态度和动机，引导其从不同的角度和层次认识参与运动训练的意义和价值，培养其正确的价值观。

第三，在运动训练中，要以运动员为主体。这就要求教练员在对运动员进行运动训练时，必须注意以下几个方面：一是明确运动员的主体地位；二是要注意有意识地培养运动员独立思考的能力；三是要引导运动员提高和加强自我反馈的能力，培养运动员进行自我分析和评价的能力。

第四，在运动训练中，要选择科学的训练方式。对于过去那种简单、粗暴的"从严"训练方式，教练员要在正确认识和理解"从严"含义的同时，结合现代科学合理的方式对其进行调整和改变。

（三）适宜负荷原则

在训练过程中，要根据训练任务、对象水平与要求，科学合理地在各个训练环节提高运动训练负荷量，直至达到最大负荷要求，这就是所谓的适宜负荷原则。因此，首先要以训练任务和对象水平及每个练习的目的、要求、负荷为主要依据来对运动训练负荷进行科学合理的安排。在训练过程中，运动训练负荷要经过加大、适应、再加大、再适应这样一个逐步提高的过程。

在球类运动的训练中，加大运动训练负荷，直至最大限度，首先要从训练任务和运动员身体状况、机能能力和训练水平出发，考虑运动训练负荷安排的合理性。训练过程的不同时期、周期、阶段及每一节训练课的任务都有所不同，运动员承受运动训练负荷的能力也不同，这主要反映在运动员承受负荷能力的大小和恢复的快慢上，以及对负荷强度和负荷量的承受能力上。因此，只有根据训练的不同任务和运动员的训练水平安排运动训练负荷，才是合理的。同时，在运动训练过程中，运动训练负荷的加大必须循序渐进。在加大运动训练负荷过程中要处理好负荷量和负荷强度的关系，掌握好负荷与恢复的关系。除此之外，需要注意的是，运动训练负荷的增加必须达到极限。因为只有极限负荷的刺激，才能将运动员机体的机能潜力充分挖掘出来，并且经过不断的训练形成超量恢复，才能够提高运动员的身体素质和运动水平，才能够达到参加激烈比赛、创造优异运动成绩的要求。

（四）周期安排原则

周期安排原则是指周期性地组织运动训练过程的训练原则。依运动员机体的生物节奏变化规律，竞技状态形成与发展的周期性规律，以及运动竞赛安排的周期性特点，按一定的动态节奏安排训练内容，逐步提高负荷量度。

贯彻周期安排原则要掌握以下几点：

1. 掌握各种周期的序列结构

了解各种周期的时间构成及其应用范畴，对于教练员在训练实践中贯彻周期安排训练原则是一个必不可少的重要条件。

2. 选择适宜的周期类型

贯彻周期安排时，要考虑选择适宜的周期类型。例如，确定年度训练的安排时是采用单周期、双周期还是多周期；第一周期的训练应该是加量周期、加强度周期还是赛前训练周期。

3. 处理好决定训练周期时间的固定因素与变异因素的关系

周期安排原则的依据是人体竞技能力变化和适宜比赛条件出现的周期性特征，其中，后者是决定训练周期时间的固定因素，而前者则是变异因素。因为重要比赛日程的安排通常与某个项目最适宜的比赛条件的出现是一致的，而且通常在上一年度即已确定。尽管人体本身受着生物节律的影响，但它并非绝对不变，人们完全可以通过训练安排使其在特定的时间里表现出最佳的竞技状态。竞技状态的发展过程是可以由人来控制的，教练员应努力做到有把握地调节这一变异因素，使之与特定的比赛日程安排相吻合。

4. 注意周期之间的衔接

把一个完整的训练过程划分成若干个较小的周期之后，人们往往会忽视各周期之间的衔接，主要表现在注重训练过程的阶段性而忽略了连续性。整个训练过程中不同时间跨度的周期组成了一个连续发展的过程，因此在具体的训练过程中应特别注意周期之间的衔接。

（五）区别对待原则

区别对待原则是指在运动训练中要根据运动员各方面条件及不同训练条件和不同训练任务等，有区别地确定训练任务，对训练方法、内容、手段和负荷有相应的安排。

运动员在身体条件、心理品质和个性特征等方面都表现出明显的差异，因此在训练中要始终遵循和贯彻区别对待的原则。贯彻区别对待原则，有利于发掘运动员的潜力，防止训练中个别人脱离整体现象，只有进行正确的区别对待，有的放矢地进行训练，才能取得良好的训练效果。

（六）直观训练原则

直观训练原则是一种非常重要的运动训练原则，它是依据直观性与动作技能形成的教学论原理所确立的大学生运动员必须遵循的准则。其主要目的是使这些大学生运动员能更有效地完成技术、战术和智力训练的任务。在教学过程中，直观性教学有很多种手段和方法，而且现代运动训练更加强调直观性原则的运用。

运动训练中，尤其是训练初期，遵循和突出教学训练的直观性十分重要，具体来说，应注意以下几点：

1. 合理地选用直观手段

选用各种直观手段时要注意选择那些目的性最强、最有成效的手段，并必须明确所选的各直观训练手段所能解决的主要功能，并根据不同对象、不同运动项目和训练内容的特点，选择和应用有针对性的直观手段。

2. 根据运动员的个体特征选择直观手段

选择和运用符合运动员个体的特点及训练水平的直观手段，且对不同训练水平运动员在训练时，应采用不同的直观方法和手段，同时，还要注意采用不同的训练强度。

3. 运动训练中，应先进行直接示范

使运动员掌握到一定的水平后，再通过录像、图解、直接观摩优秀运动员的表演和比赛等手段，同时结合清晰、准确、形象的讲解，以及教练员对运动员技术动作的观察分析，经过研究讨论，来启发训练者进行积极思维活动，并逐步找出体育运动的规律性。

4. 注意掌握运用直观手段的时机和方法

要根据不同年龄阶段运动员的感觉器官发育的敏感发展期的不同，合理地选择和运用直观手段。教师可用语言信号、固定的身体姿势或慢速动作，来加深运动员对空中的方位、肌肉用力情况进行体会等。

(七)系统训练原则

在现代运动训练中,只有坚持进行多年不间断的系统训练,才能对所要掌握的运动技能进行不断重复和巩固,才能完成运动技能系统化积累。另外,这种多年的系统性训练也是在现代竞技运动中获得优异运动成绩所不可或缺的一环。多年的系统训练和周期性训练是贯彻系统性原则的重要手段。

(八)适时恢复原则

适时恢复原则是指及时消除运动员在训练中所产生的疲劳,并通过生物适应过程产生超量恢复,提高机体能力的训练原则。在运动员疲劳达到一定程度时,应依照训练的统一计划,适时安排必要的恢复性训练,采取有效的恢复措施,使运动员的机体迅速得到充分的恢复和提高。

第三节 运动训练的方法及创新性探索

一、运动训练的方法

运动训练采用的方法有很多,具体要根据实际情况和需要进行有针对性的选用,以达到最佳的训练效果,下面介绍几种常见的训练方法。

(一)分解训练法

分解训练法指的是将完整的技术动作或战术配合过程合理地分成若干个环节或部分,然后按环节或部分分别进行训练的方法。在需要集中精力完成专门训练任务,对主要技术动作和战术配合环节的训练进行加强时,适合采用分解训练法进行训练,这样可使训练取得更高的效益。分解训练法有着自己的适用范围,主要适用情况包括技术动作或战术配合过程较为复杂、可予分解,且运用完整训练法又不易使运动员直接掌握的情况下,或者技术动作、战术配合的某些环节需要较为细致的专门训练。

单纯分解训练法、递进分解训练法、顺进分解训练法、逆进分解训练方法是较为常见的四种分解训练法类型。

(二)完整训练法

完整训练法指的是从技术动作或战术配合的开始到结束,不分部分和环节,完整地进行练习的训练方法。完整训练法的运用可以帮助运动员对技术动作或战术配合进行完整的掌握；较好地保持技术动作或战术配合的完整结构和各个部分之间的内在联系。

完整训练法具有广泛的适用范围，既包括单一动作的训练，也包括多元动作的训练；既有个人成套动作的训练，也有集体配合动作的训练。但是在不同的范围内运用时，要注意有所侧重。

（三）持续训练法

持续训练法是指负荷强度较低、负荷时间较长、无间断地连续进行练习的训练方法。练习时，平均心率应在每分钟130～170次。持续训练主要用于发展一般耐力素质，并有助于完善负荷强度不高但过程细腻的技术动作，可使机体运动机能在较长时间的负荷刺激下产生稳定的适应，内脏器官产生适应性的变化；可提高有氧代谢系统供能能力及该供能状态下有氧运动的强度；可为进一步提高无氧代谢能力及无氧工作强度奠定坚实的基础。

根据训练时持续时间的长短，可以将持续训练法分为短时间持续训练方法、中时间持续训练方法、长时间持续训练方法三种类型。

（四）间歇训练法

间歇训练法是指对多次练习时的间歇时间做出严格规定，使机体处于不完全恢复状态下，反复进行练习的训练方法。运动员在严格的间歇训练过程中，心脏功能能够得到明显的增强；通过运动训练负荷强度的调节，机体各机能与有关运动项目相匹配的适应性变化也会产生；通过不同类型的间歇训练，可以有效地发展和提高糖酵解代谢供能能力；通过对间歇时间的严格控制，可以使运动员在激烈对抗和复杂困难的比赛环境中发挥出更加稳定的技术动作；在较高负荷心率的刺激下，有利于促进机体抗乳酸能力的提高，从而能够保证运动员在较高强度的情况下仍具有持续运动的能力。

高强性间歇训练方法、强化性间歇训练方法及发展性间歇训练方法是间歇训练法的三种基本类型。

（五）变换训练法

变换训练法是在综合考虑实际比赛过程的复杂性、对抗程度的激烈性、运动技术的变异性、运动战术的变化性、运动能力的多样性及中枢神经系统的灵活性等因素的情况下提出的。所谓的变换训练法就是指对运动训练负荷、练习内容、练习形式及条件进行变换，以使运动员的积极性、趣味性、适应性及应变能力得到提高的训练方法。通过运动训练负荷的变换，能够产生机体与有关运动项目相匹配的适应性变化，从而使承受专项比赛时不同运动训练负荷的能力得到提高。通过变换练习内容，能够使运动员的训练更加系统，并使运动员的不同运动素质、运动技术和运动战术得到协调发展，从而使之具有更接近实际比赛需要的多种运动能力和实际应用的应变能力。

依据变换内容的不同，可以将变换训练法分为形式变换训练方法、内容变换训练方法和负荷变换训练方法三种类型。

（六）重复训练法

重复训练法指的是多次重复同一练习，并在两次（组）练习之间安排相对充分的休息时间的训练方法。采用重复训练法，多次重复同一动作或同组动作，经过不断强化运动条件反射的过程，有利于运动员对技术动作的掌握和巩固。通过相对稳定的负荷强度的多次刺激，可使机体较高的适应性机制尽快产生，有利于运动员身体素质的发展和提高。单次（组）练习的负荷量、负荷强度及每两次（组）练习之间的休息时间是构成重复训练法的主要因素。静止、肌肉按摩或散步是通常采用的休息方式。

依据单次练习时间的长短，可以将重复训练法分为短时间重复训练方法、中时间重复训练方法和长时间重复训练方法三种类型。

（七）循环训练法

循环训练法指的是根据训练的具体任务，将练习手段设置为若干个练习站，运动员按照既定顺序和路线，依次完成每站练习任务的训练方法。运用循环训练法可使运动员的训练情绪得到有效的激发，并且使负荷"痕迹"得以累积、不同体位得到交替刺激。每站的练习内容、每站的运动训练负荷、练习站的安排顺序、练习站之间的间歇、每遍循环之间的间歇、练习的站数与循环练习的组数是循环训练法的结构因素。运用循环训练法，可以使不同层次和水平的运动员的训练情绪和积极性得到有效提高；可以使运动训练过程的练习密度得到增加；可以随时根据具体情况因人制宜地加以调整，做到区别对待；可以防止局部负担过重，延缓疲劳的产生，对全面身体训练非常有利。在实践中，循环训练法中有"站"和"段"的说法，其中的"站"指的是练习点，如果一个循环内的站数中，有若干个练习点是以一种无间歇方式衔接，那么这几个练习点的集合可称之为练习"段"。"站"和"段"是安排循环练习的顺序时应该考虑的。

以各组练习之间间歇的负荷特征为依据，可以将循环训练法分为循环重复训练方法、循环间歇训练方法和循环持续训练方法三种基本类型。

（八）比赛训练法

比赛训练法指的是在近似、模拟或真实、严格的比赛条件下，按比赛的规则和方式进行训练的方法。比赛训练法的提出有着一定的依据，包括人类先天的竞争和表现意识、竞技能力形成过程的基本规律和适应原理、现代竞技运动的比赛规则等因素。运动员全面并综合地提高专项比赛所需要的体、技、战、心、智各种竞技能力可以通过比赛训练法的运用来实现。

教学性比赛方法、模拟性比赛方法、检查性比赛方法和适应性比赛方法是较为常见的四种比赛训练法的类型。

（九）综合训练法

综合训练法是指把重复训练、循环训练、变换训练等各种训练法结合起来运用，或者在一组训练中安排各种技术训练、灵敏训练、力量训练等多种内容的训练方法。

在训练实践中，以上各种训练方法并不是单一存在和使用的，因此，需要通过综合训练来灵活地调节运动员的训练负荷与休息，使其更圆满地达到训练要求，从而促进运动员运动素质和运动水平的全面提高。

综合训练法变化较多，组合多样，具体可以根据不同性别、年龄、身体状况、锻炼水平的运动员的需求进行适当的变化、调整，以期取得理想的训练效果。

随着现代科学技术的进步，运动训练方法从理论到实践不断推陈出新、日新月异。目前，社会各界有识之士非常重视改变传统经验的训练法，借助新的科学理论，运用新的模式的训练方法正在不断被尝试和创新。

当前，随着竞技体育运动的发展、科学技术的进步以及人们认知的不断提升，运动训练的方法正在向多样化的方向发展，训练方法日益多样化主要得益于运动员和教练员在运动训练方面积累了丰富的经验，因此他们总结了多种多样的训练方法来指导训练实践。现代运动训练更加注重时效性和技术完善。传统训练方法在运动训练中得到了保存，同时由于高科技手段的引进，新的训练方法在运动训练中不断得到应用，新的训练方法与传统的训练方法相结合，使得运动训练更加科学、有效，正因如此，才促使运动员不断突破极限，在比赛中不断刷新纪录。

二、运动训练方法的创新性探索

时代在发展，科技水平在不断提升，运动员的竞技水平、训练的层次和维度也在相应地提高，这就对训练方法提出了新的要求。

（一）破旧立新

所谓破旧立新，就是要打破原来固定的训练方法，从训练手段、训练思路等方面入手树立新的训练方法。例如，教练员平时要经常对自己的训练方法加以审视，看看自己的训练方法是否已经成为一种思维定式，是否已经过时，是否对运动员训练到一定程度就难以再有提高了，是否训练水平落后于形势的发展，等等。许多陈旧的方面必须通过创新来改变其面貌、改变其效益，从而增强训练效果。立新要以创造性思维去思考、解决各种问题，去寻找新的突破口，开辟新途径，去发现新的思路、观点、方法、手段等，从而获取新的成效。

（二）逆向思维

训练目标、训练计划、训练方法等内容往往容易习惯依据传统观念、经验和权威人士的意见来思考，容易将自己框定在一定的模式中去思考、解决问题，逐步形成了思维定式，慢慢抹杀了创新思维及创新方法的思路。要充分认识到，要适应现代形势发展，就要善于转换思维方式方法，善于用逆向思维法去突破传统的观念、经验或权威人士的束缚，突破陈旧的思维定式，去开创、形成新的思维模式，激励自己树立新思想、新观念，总结新经验，开创新的训练思路，进行新的训练决策等。

（三）克弱转强

运动员在训练过程中，要善于主动地挑剔自己的弱点、缺点或不足，并将其作为探索研究的基准点，努力攻克它，使弱转化为强，从中获得创新的成功。假如在训练中，采用某一训练方法而得不到预期的效果，这并非教练员训练方法的问题，而在于自己的训练方式，这时应该对训练方法加以深入剖析，找出其不足或落后的方面，并加以弥补、修正，或创造出新的训练方法。通过克弱转强法，使训练得出成效。

（四）移花接木

现代知识的综合运用程度越来越高，新成果大量地涌现，知识的渗透力越来越强，综合聚变效应也越来越强。要善于将其他学科中的原理、规律、方法等移接到本领域的运动训练理论体系中去，进行巧妙的衔接，创造出新的高效的训练原理、规律、方法等，从而有效地促进自身学科的不断发展与壮大，提高训练效果。如"系统论、信息论、控制论"移接到体育各个领域中已发挥出巨大的效果，有力地促进了体育科学的发展。

第四节　运动训练负荷的科学安排

一、运动训练负荷的基本知识

(一) 运动训练负荷原理

运动训练中的最终训练目的是促进运动员身体素质水平、运动水平的提高，要想实现这一最终目的，就要在运动训练过程中使运动员不断承受和适应训练负荷，促进其机体的运动能力和对外界（运动训练负荷）的适应能力的不断提高，这就是运动训练负荷原理。

运动训练过程中，运动员会承受一定的外部刺激，运动员机体在生理与心理方面承受的总刺激便是运动训练负荷，机体承受刺激时表现出来的内部应答反应程度可以反映运动训练负荷。

运动训练负荷有着自身的特点，它具有目的性和选择性，即一定的功能特点；运动训练负荷还具有渐进性、极限性和应激性，随着运动训练负荷水平的提高，训练适应水平也会相应地得到提高。运动训练负荷与运动成绩之间密切相关，这主要从对应性和延缓传导性上体现出来。

运动训练负荷种类繁多，每种负荷都有自己独特的含义，因此必须准确掌握各种运动训练负荷的概念和特性，对运动训练负荷进行科学调控，调控时需注意运动训练负荷的综合性、实战性和动态性，并需结合具体个体进行，注重运动训练负荷的定量与等级。

(二) 运动训练负荷刺激及机体机能的变化

运动训练负荷刺激主要是指运动训练负荷对机体的刺激，人体活动时所表现出来的力量、耐力、速度、柔韧和灵敏素质等不是根本原因（本质），而是运动的结果（表象）。在运动训练中，机体对训练负荷刺激所做出的反应表现在两个方面，即生理反应和心理反应，通常所说的运动训练负荷指的是生理负荷，就是指机体在生理方面所承受的运动训练刺激。

运动训练的过程也可以看作一个不断对人体施加运动训练负荷刺激的过程，在这一过程中，人体各器官系统将发生一系列反应。这些反应特征主要表现为耐受、疲劳、恢复、超量恢复和消退等机能变化。

在运动训练过程中，机体的负荷刺激变化主要会经历以下几个阶段。

1. 耐受阶段

耐受是运动训练初级阶段机体对运动训练负荷的刺激反应，是机体接受运动训练负荷刺激后身体机能变化和反应的第一个阶段。运动训练负荷强度和运动员训练水平会影响这种耐受能力的强弱和保持时间的长短。这一阶段，应以体能训练为主。

2. 疲劳阶段

在承受一定时间的运动训练负荷刺激之后，机体机能和工作效率会逐渐降低，即出现疲劳现象。具体来说，运动员训练到何种疲劳程度以及耐受多长时间以后疲劳取决于训练课的目的。实践表明，在训练过程中，运动员只有达到一定程度的疲劳，才能提高运动能力，才能在恢复期获得预期的超量恢复效果，从而促进机体机能的增强。

3. 恢复阶段

训练结束后，在补充和恢复阶段，机体主要是补充训练过程中所消耗的能源物质，修复所受到的损伤并恢复紊乱的内环境，使机体各器官系统的机能恢复到运动前水平，以完成机体结构与机能的重建。机体疲劳的程度决定了恢复所需时间的长短。

4. 超量恢复阶段

超量恢复，又称"超量代偿"，是关于运动时和运动后休息期间能量物质消耗和恢复过程的超量恢复学说，由苏联学者雅姆波斯卡娅提出。超量恢复指的是在运动结束后，运动过程中所消耗的能源物质以及降低的身体机能不仅可以得以恢复，而且会超过原有水平。通常来说，运动训练负荷量越大，强度越大，疲劳程度越深，超量恢复越明显，但切忌过度训练。

5. 消退阶段

一次训练结束后，如果不及时在已获得的超量恢复的基础上继续施加新的刺激，那么已经产生的训练效果在保持一段时间后就会逐渐消退，机体机能又下降到原有水平。因此，要想保持长久的运动训练效果，就要求运动员必须在上一次训练出现超量恢复的基础上对下次运动训练做出及时的安排。

二、运动训练负荷的科学安排与调控

（一）运动训练负荷的定性与定量

1. 运动训练负荷的定性

（1）训练负荷的专项性

训练负荷的专项性指训练负荷要与运动员的训练水平和比赛要求相符。运动训练过程中，训练负荷的练习分为运动专项练习与运动非专项练习。其中，运动专项练习是提高运动员专项运动技战术水平的直接因素，只有加强运动专项训练，才能为运动员运动实战水平的提高奠定良好的基础。

（2）训练动作的复杂程度

训练动作的复杂程度是专项运动训练中客观存在的内容，是运动训练中运动训练负荷定性的一个重要方面。运动训练实践中，动作复杂程度决定着训练负荷的大小。区分训练动作的复杂程度是控制运动训练负荷的依据和需要。

需要提出的是，由于运动训练中，运动员的许多技能动作并不能预定，必须根据场上对手的表现临时做出选择性反应，因此目前对此要做出量化评定具有较大的难度。

（3）训练负荷的生理改善

确定运动员运动训练时机体工作的供能系统是为训练负荷定性的内容之一。研究表明，系统的运动训练中，ATP-CP 和糖酵解供能约占 80%，糖酵解和有氧代谢约占 20%。因此，运动员应结合运动专项的训练要求和特点，选择采用无氧代谢，或是有氧代谢，或二者的协调配合来进行训练，也就是以实际情况为依据合理安排训练。

2. 运动训练负荷的定量

（1）内部负荷指标

内部负荷指标指由于运动员在训练过程中进行各种身体、技战术训练，训练的负荷使运动员有机体内发生一系列生理和生化变化，内部负荷的指标能比较科学、准确地反映有机体在负荷时产生的各种变化，有利于教练员根据这种变化去掌握和控制训练过程，安排训练负荷。

运动训练中，使用内部负荷的指标来测量负荷的方法比较广泛。血压、心率、血乳酸、尿蛋白、氧债、血红蛋白、最大吸氧量等是常用的指标。

（2）外部负荷指标

外部负荷指标又称"负荷的外部指标"或"外部负荷"，包括负荷量和负荷强度两个指标。在运动训练中，负荷量的各个指标测定的方法比较简单。机体对负荷强度刺激所引起的反应比较强烈，能较快地提高机体各器官系统的机能水平，所产生的适应性影响较深刻，消退较快。在运动训练中，测量负荷强度的各个指标比较复杂，所以难度也比较大。

目前，对运动员外部负荷指标进行测量，一般通过记录技战术训练的时间、训练次数、训练难度、训练的激烈对抗程度等方法。

（二）不同负荷的判别

运动训练期间，当运动员的运动训练内容、训练手段的特点相当稳定时，有机体机能能力表现出来的动态变化就能够被明显地观察到。因此，可根据训练实践中运动员有机体机能活动性的动态变化来对训练负荷的大小进行判别。

运动训练负荷的大、中、小可以客观地按照机体恢复的时间进行判别。研究表明，训练负荷的大、中、小与有机体内环境的稳定性的变化紧密相关，并且能具体反映到恢复过程的时间上。通常，小负荷与中等负荷后，机体恢复过程的时间通常是几十分钟或几小时；大负荷后，一般需要较长的时间才能实现机体的恢复。

在运动训练中，应结合实际情况来对运动员的训练负荷大小进行判定，具体可以根据生理学和生物学的指标来判别，也可以采用其他相对间接且客观的指标进行判别，不管使用哪种方法，都要保证准确地判定训练负荷。

（三）运动训练负荷的特点与注意事项

1.科学安排运动训练负荷的特点

科学安排与调控运动训练负荷就是以更科学、更合理的方法安排运动训练负荷，从而实现运动训练水平和运动成绩不断提高的目的。对训练负荷的科学安排需要遵循负荷、应激与恢复原理，竞技状态的形成与科学调控原理，周期性与节奏性原理，以及竞技能力的训练适应原理等。简单来说，科学调控运动训练负荷就是在训练过程中，教练员根据训练的任务及运动员的个体情况，按照人体机能的训练适应规律，以大负荷为核心，坚持长期、系统和有节奏地安排运动训练负荷。

2.科学安排与调控负荷的注意事项

（1）不同训练阶段采取不同的调控方法

根据负荷因素的基本特征，在训练初期，为了使运动员尽快进入运动状态，通常以增加负荷量的方法来尽快实现运动员机体的适应。在专项训练阶段，以提高负荷强度刺激的方法来加深运动员的机体适应过程。

（2）选择合理的负荷内容和手段

教练员应按照不同运动项目、训练内容、训练手段的负荷特征和不同训练任务选择好相对应的训练内容、手段和方法。对于运动员而言，其参与的具体竞技运动项目不同、训练目的不同，所安排的训练负荷应有所区别。

（3）对负荷方案进行最佳综合设计

在运动训练过程中，教练员要根据各对应性负荷结构的特征及相互间的关系，进行负荷方案的最佳综合设计。特别是要注意负荷量、负荷强度与总负荷，内部负荷与外部负荷，生理、心理与智力性负荷，以及训练负荷与比赛负荷的综合设计。

（4）按照运动员个体特点确定运动训练负荷

教练员要通过科学的训练诊断，对运动员的个体特点加以了解，对符合他们个体特点的个体负荷模型进行科学确立。

（5）注意负荷安排的长期性、系统性

在进行运动训练时，要根据连续负荷中疲劳的正常积累与过度疲劳之间的关系，对多年、年度、周及每一次课的训练过程的负荷进行对应的安排，使不同训练阶段的运动训练负荷能够连贯起来，促进运动员运动水平的逐步提高。

（6）重视运动训练负荷的节奏性

教练员要把大负荷训练与减量训练结合起来，使之形成最佳的负荷节奏，进而促使运动员取得最佳的运动成绩。

（7）合理增加运动训练负荷

根据训练任务和训练对象，逐步、有节奏地加大运动训练负荷，直至最大限度，但在竞走运动训练过程中，运动训练负荷的安排不宜过大，应以提高单位训练时间里最大的效益为准则。运动训练负荷的增加应当在运动员适应了原有负荷的基础上进行，只有这样才能取得较好的训练效果。

（8）注意处理好负荷量、负荷强度与总负荷的关系

教练员要按照运动项目特点、训练和比赛任务、个体特点等因素，以总负荷的要求为基础，确定好负荷量和负荷强度的最佳组合。突出强度是高水平竞走运动员负荷安排的重要特征。但应注意从实际情况出发，负荷强度和负荷量应合理搭配。

（9）重视恢复

训练水平的提高离不开对训练负荷的合理安排，没有恢复，也就没有新的负荷安排。在运动疲劳之后，人体的恢复时间有所不同，恢复时间过长或过短都不利于提高身体素质和技战术水平。注意掌握运动员训练后不同恢复阶段的时间、个体负荷的极限能力、承受极限负荷后的恢复时间，及各训练过程的负荷性质及适宜的间隙时间和恢复方式，并根据这些要点来对大负荷训练进行安排。训练之后，还应注重采用多种手段来帮助运动员消除疲劳。

（10）做好运动训练负荷监测和诊断工作

教练员应在运动训练过程中根据运动训练负荷的构成因素及运动训练负荷的可监控性特点，正确地确定各运动项目的训练内容、手段和训练方法，及不同运动员个体的运动训练负荷监控指标体系，对科学的运动训练负荷监控、诊断系统和诊断模型进行建立。

第八章 专项身体素质理论及训练方法

第一节 专项特征基础认知

一、专项特征定义与构成

专项特征是指一个运动项目在比赛规则的允许下，以获得最大的运动效率为目标，在力学、生物学等方面表现出的主要运动特点。

通常专项特征可以分为技战术、体能、心理和环境等方面，每个方面又由不同的因素构成。从训练学的角度分析，竞技运动项目的特征包括三个不同的层次：一般特征、项群特征和专项特征。三个不同层次的项目特征在范围上并没有质的区别，其主要差别在于对项目特征解释和描述的程度上。

项目间的差异，并不是总能体现在所有的项目特征上，如技战术、体能及心理等，尤其是对于同一属性的运动项目来说，它们的差异可能更多地集中于某一个项目特征中。

二、专项特征的确定

由于各运动项目的性质可以从各个不同的方面和角度去确定，而且一个项目的性质以不同的标准确定可以有多重性。但其特征的确定则要找出区别于其他项目的特别显著的标志。训练中确定运动项目特征通常有以下四个方面。

（一）各运动项目比赛规则规定取胜的主要因素

以竞技体操为例，我国体操界广大教练员、科研人员、运动员通过多年的探索，多数认为竞技体操项目的显著特征是"难、新、美、稳"，这是竞技体操比赛规则规定取胜的主要因素。

(二)运动项目的主要供能系统

在体能类项目中,经常以主要供能系统确定项目的特征。例如田径100米跑主要特征是ATP供能,因此训练中提高运动员的无氧代谢能力、发展速度是最为重要的。

(三)运动项目的技术结构和主要环节

任何一个运动项目的动作技术都有其特殊性,具有不同的技术结构和主要环节。动作技术的结构主要指动作是由哪些部分构成的,动作技术的主要环节是在构成动作技术的若干部分中,对完成动作、决定成绩最具影响的部分。

(四)运动项目对运动素质的特殊要求

在举重项目中,若仅仅依照运动素质的特殊要求就确定其是力量性项目,这并非十分严谨。因为从比赛动作抓举和挺举两项来说,它需要的力量是全身协调用力速度性力量,或称爆发力量,而不是单纯的最大力量,这也是该项目比赛动作技术对运动素质的特殊要求。因此准确地说,举重项目的特征,其实是全身协调用力速度力量性项目。

三、专项特征研究的发展趋势

对专项特征的认识是一个逐步深入的过程,它不仅取决于教练员自身的认识能力,而且在相当大的程度上依赖着科学技术和研究方法的发展。新理论的出现可以为项目特征的认识开辟新的视角,新技术和新方法的问世能够促进认识程度更加深入。当前,在专项特征的认识上出现了以下几方面的发展动向和趋势。

(一)由宏观向微观的发展

从运动训练的角度分析,任何一个运动项目的特征都有一般与专项、宏观与微观之分。宏观的项目特征是从一般或项群共性的角度把握训练的方向,微观的项目特征则是从一个专项的角度指导运动员的训练。如果错误地将一般或项群的项目特征视为本项目的专项运动特征,就不能准确地给运动项目定位,对项目的了解始终处于模糊的水平,甚至会失去训练的方向。

诚然,任何一个事物的发展都需要宏观和微观的指导。宏观的理论可以透过复杂多变的因素把握发展的方向;微观的认识可以对具体的方法和措施进行调整和操作。从竞技训练的角度分析,运动训练的整体发展或某一类项目的发展确实需要宏观理论的指导,但是,对于一个具体运动项目的训练来说,迫切需要的,是对项目的运动特征和训练规律进行微观、具体和有针对性的了解和认识，从众多细节中提取出专项的特征，只有这样才能够真正为专项的训练提供有价值的信息，促进专项运动水平的迅速提高。

专项特征绝不能只停留在宏观的认识程度，而应该深入专项之中，从多个角度和层面解析专项的特点，提炼出能够反映专项运动本质的规律，这样才可以准确把握专项训练的脉络，提高训练效率。

（二）由外在到内在的发展

对项目特征的认识不能仅停留在专项运动的外在形式上，而必须深入神经与肌肉的内在运动水平。运动项目的表面外在特征只能反映运动的结果，而造成这种结果的原因主要在于机体的运动系统和能量供应系统，肌肉在神经支配下的收缩以及在收缩过程中对能量的需求。在运动训练中，只有深入了解神经肌肉系统的工作情况，才可能选择正确和有效的训练方法，只有充分掌握运动过程中能量代谢系统的运转规律，才能够制定出符合专项特点的训练负荷。

对内在专项特征细节的了解和掌握，有助于提高运动训练的针对性和有效性。了解不同肌肉在专项运动中的参与程度和工作方式，可以帮助人们制订出有针对性的力量训练计划；掌握不同供能系统对专项运动的不同支持作用以及它们之间的关系，可以提高耐力训练的效率；对不同供能系统恢复特点的了解，能够帮助教练员把握和控制训练的负荷。

对专项内在特征的深入认识，是提高专项训练效率的重要条件。与外在运动形式不同，内在专项特征的把握是从神经—肌肉的工作方式和用力程度的层面上解决训练的专项化问题。因此，对专项内在特征的认识程度在很大程度上代表着竞技运动训练的科学化水平。

（三）由静态到动态的发展

专项运动的时间或距离是专项的一个重要特征，它从总体上反映了专项的运动特点，是运动员和教练员制订训练计划的主要依据。但是，时间和距离等指标是对专项特征的总体描述，是专项运动的结果。从运动分析的角度来看，结果并不等同于过程。结果是过程的集合和终点，过程是结果的内容和原因；结果是静止固化的，过程是动态可变的。在运动过程中，无论是外在的速度、角度和节奏，还是内在的肌肉收缩和能量供应，都随着运动时间的持续而变化，所以，与结果相比运动过程包含的信息量更加全面，反映的问题更加深入。因此，对专项特征的理解和认识，应该更加重视运动的过程，从过程的动态变化中深入和详细地了解项目的"运动"特征。

专项特征动态描述的另一个作用，体现在对专项运动技术过程的全面了解上。以往对专项技术特征的描述往往忽视了体能的存在，主要是对专项主要技术环节的运动学或动力学标准特征的分析。然而，这种标准的"最佳技术模式"并不能全面和真实地涵盖整个专项运动过程中技术的变化。对于几乎所有的运动项目来说，运动员都不可能始终以同样的技术动作完成比赛，随着运动员体力的消耗运动技术必然发生改变，这种改变在很大程度上反映了专项能力水平。

从整体上来看，负荷时间和强度是各个竞技运动项目都具有的共性，在比赛距离或时间相对固定的情况下，取胜的关键主要集中在速度和速度的保持能力上。在这个过程中，运动员的机能能力势必会影响专项技术的发挥，体能与技术之间的相互影响和作用始终贯穿于整个专项比赛的过程之中，技术与体能的这一互动关系在很大程度上同样应归属于专项技术特征的范畴。

第二节 体能与专项能力

一、体能

体能是运动员竞技能力的重要组成部分，也是运动技能表现的必要条件。科学合理的体能训练，能够提高运动员的竞技能力和改善运动员的身体形态，使之更加适应专项运动和技术的需要，从而达到提高运动水平的效果。同时，对提高运动员预防伤病的能力和恢复能力也有积极意义。毫无疑问，体能训练越来越得到各级运动队教练员的高度重视。体能训练研究也成为目前国内体育科研的热点研究领域，成为众多运动训练学专家所关注的焦点。

（一）体能相关概念辨析

目前，经常见到一些和体能相似的词汇，如体适能、体力、运动能力、体质、运动素质等。其实，这些词汇的概念与体能概念有很大的不同，如果不清楚它们之间的区别，就无法对相关的理论问题进行深入的研究。

1.体能与体力的区别

体力，是人体活动时所付出的力量。一般理解为机体整体的抗疲劳能力，它是体能的重要组成部分之一。体力是与耐力有密切联系的概念，但它又不能完全等同于耐力。人们经常谈到的体力，一般是指身体整体的耐力。

体能与体力的主要区别在于，体能不仅内涵上（与体力有所不同，它指的是运动员运动能力与对环境适应能力的结合体），而且外延要大于体力，体力涉及的身体抗疲劳能力仅是其适应运动需要的一个方面的能力。

2. 体能和运动能力的区别

运动能力是身体在运动中表现的活动能力，包括一般活动能力和竞技运动能力。

体能与运动能力的区别，主要表现在概念的层次关系上，体能是运动能力的上位概念。也就是说，体能包括运动能力，它比运动能力涉及的内容要多，如体能还包括运动员对比赛环境的适应能力。

3. 体能与体质的区别

体质是指人体的健康水平和对外界的适应能力，是在遗传性和获得性基础上表现出来的人体形态结构、生理功能和心理因素的综合的、相对稳定的特征。其包含的范畴综合起来有：①身体的发育水平，包括体格、体型、体姿、营养状况和身体成分等方面；②身体的功能水平，包括机体的新陈代谢状况和各器官、系统的效能等；③身体的素质及运动能力水平，包括速度、力量、耐力、灵敏度、协调性，还有走、跑、跳、投、攀登等身体基本活动能力；④心理的发育水平，包括智力、情感、行为、感知觉、个性、性格、意志等；⑤适应能力，包括对自然环境、社会环境及应激原的抵抗能力等。体质侧重点在于先天遗传表现出来的基础的生理和形态结构，是一种比较稳定的、先天性的基本的身体素质和内在心理的倾向，在静态中表现出来的一种机能的特质。

体能是体质的下位概念，即体质包含体能，是体质的一个主要方面，是体质的前提和基础，是体质在一定范围的延伸。体能侧重于运动员的运动能力和运动适应能力，是有机体各器官、系统的机能在肌肉活动中的反映，是人体机能在动态中表现出来的特质。在评价方式方面，体质好坏，用一个精确的"标准"是不可能完成的；而体能是生理机能的外在表现，是身体物质做功的能力，体能水平的高低可以有速度、力量、耐力、灵敏度等身体素质等计量指标。在运用方面，体能主要应用于运动训练研究实践中，而体质则侧重应用于遗传和医学等方面。

4. 体能与运动素质的区别

运动素质是体能的外在表现，是体能的构成因素之一，属体能的下位概念，也是运动实践中评价和检查体能水平的常用指标。体能与运动素质既有联系，又有区别。运动素质是指运动员具备的力量、耐力、柔韧性等。

体能概念涵盖的内容更广，既有运动素质，又有运动员对比赛环境的适应能力。所以，专项训练中，体能训练是从整体、全局的角度，运用各种有效的训练手段和方法，提高运动员的专项运动能力和对比赛环境的适应能力，使运动员的身体形态、机能水平和运动素质在同一个体中实现最优配置，达到提高竞技能力的目的。而运动素质训练主要偏重于速度、力量、耐力、柔韧性等能力的提高。

（二）体能特点

至今，体能训练已成为各个运动项目竞技能力训练的主要内容，但由于教练员对体能本质特征的认识存在差异，因而体能训练效果也不尽相同，所以揭示体能训练特点很有必要。归纳起来为特异性、时间局限性和不均衡性。

1. 体能的特异性

体能的特异性，又称为其专项性。从不同运动项目中挑选相同年龄阶段的运动员进行最大吸氧量和最大氧债值实验室测定，所得数据较为一致，但若再用专项负荷进行测验就可发现，其结果与实验室资料比较差异很大，说明体能存在着特异性，即专项性的特点。

体能的获得是通过采用专项特有的手段训练的结果，即使用非专项的手段来获得，也必须符合该项目的要求。其生物学机制在于适应过程的专项特异性，这是现代竞技运动中保证运动技术水平的一个特征。适应性反应的专项特异性不仅表现于身体素质和植物性神经系统能力的发挥方面，而且表现于心理因素的发挥方面，特别是在完成紧张肌肉活动，又必须用意志来加强工作能力这一方面。

2. 体能的时间局限性

某一种体能水平只能保持相应的时间，这就是体能的时间局限性。体能的产生过程即是运动员有机体的适应过程，任何适应过程都存在着两种适应性反应：一是急性但不稳定的，二是长久的相对稳定的。急性适应性反应产生的体能，取决于刺激的大小、训练水平及其机能系统的恢复能力。由专项强化训练所获得的体能虽然目的很明确，但并不表示有极大的稳定性。因为这种适应性反应是通过高强度的专项负荷产生的，是以超量恢复为其表现特征的，并不建立在各种器官和系统的肥大、变异的基础上，即生物学的形态改造上。这就导致体能存在着时间局限性。

虽然相对稳定的适应性反应是建立在各器官、系统的形态改变基础上，但是各运动专项的特点是随着专项成绩水平的提高而变化的。即使在某一时期已形成较为稳定的体能，但随着专项特点的改变，原有的体能将不再能满足未来专项特点的需要，因此也表现出时间局限性。

3. 体能的不均衡性

体能的不均衡性表现为已获得的体能不可能在较长时间的工作过程中维持同一水平。这是因为，任何肌肉活动都是依靠有机体的能量供应系统的工作保证的。能量供应系统存在着无氧系统和有氧系统。无氧与有氧系统工作时，机制迥异，动员的器官系统也不相同。虽然这一工作过程发生在同一机体上，但是相互之间有着一定的独立性。在维持较长时间的工作时，虽然有着主导供能系统支撑工作，但还是要依靠互相的交替和补充。这时，各供能系统之间存在着"衔接"的问题。由于每个供能系统的发展并不完全一致，并不整齐划一，因此必然会产生总能量供给的波动状态。

（三）影响体能发展水平的主要因素

体能发展水平的高低，受运动素质、形态结构、机能水平、心理品质和适应能等多种因素的影响。

1. 形态结构对体能的影响

人体的形态结构影响体能发展水平的高低。通过发展肌肉的力量练习，肌肉的横断面增大了，肌肉的重量体积增加，运动员的体重增加了，形体发生了变化，在投掷运动中，增加了运动员动作过程中的动量。在动作速度、动作技术等基本不变的条件下，人体动量的增加，器械出手时的速度就增加，器械就能飞行更长的距离。足球、篮球等项目中运动员肌肉体重的增加，就增加了在同等动作速度条件下的动量，提高了在短兵相接时的对抗能力，包括合理冲撞能力。

关节、韧带包括形体等形态结构通过训练发生了有利于支撑能力的变化和提高，就能直接提高支撑能力，如举重运动员肩关节、肘关节通过训练在额状面和矢状面内发生了能够充分伸直的变化，就能减少直臂支撑杠铃时的水平分力，增加向上支撑杠铃时的垂直分力，提高运动员支撑杠铃时的力量。同样的道理，运动员"O"形或"X"形腿通过训练有所改变，也能提高人体由下蹲状态向上起立时的负重能力。

通过训练运动员心脏的心室或心房的肌肉出现运动性增厚、肺脏呼吸肌增加，等等，这些形态结构的变化，导致心脏每搏血液输出量增加，尤其是承担最大运动负荷时，心脏血液最大输出量增加，这就直接有利于人体承受最大运动负荷时氧气和营养物质的供应、代谢物质的还原和消除等机能能力的提高，从而有利于体能的提高。

2. 人体的机能能力对体能的影响

人体的机能能力包括承担负荷量的能力、承担负荷强度的能力、承担总负荷的能力、恢复能力、免疫能力、可塑性、体能动员发挥能力等，这些能力的大小直接影响着体能的大小。

承担负荷量、强度、总负荷能力的高低是衡量和评定体能高低的主要指标和标准，其中任何一项能力指标的上升或下降都是体能提高或下降的标志，其中任何一项指标提高了，即标志着体能相应提高了。

恢复能力，尤其是以大强度为主的大负荷训练后的恢复能力是近代运动训练中越来越重视的主要训练指标之一，提高恢复能力是最重要的研究课题之一。这是因为恢复能力大小或高低直接决定体能能力、竞技能力提高的幅度、速度及最终达到的高度。大负荷刺激后，身体产生不适应反应，恢复能力强的运动员产生新的训练适应的能力就强，可塑性就大，包括体能在内的各项竞技能力因素提高就快。

适应能力、免疫能力也是对体能的高低起决定性影响的因素之一。该能力的稳定提高对体能的提高和发挥都起着保证和促进作用。对训练负荷、对训练比赛等体内外环境适应性差、对流行疾病免疫力低的运动员体能的稳定性必然差，训练的系统性必然缺乏必要的保证。体能的动员发挥能力也是体能的重要组成部分之一。体能水平基本相同的两名运动员，谁的动员发挥能力强，谁就能获胜，这也是比赛中最普遍的现象。

3. 心理能力、技能等竞技能力因素对体能的影响

在运动训练和比赛中，运动员的体能不但与形态结构、机能能力、运动素质等因素或与这些因素的潜力直接相关，而且与能否把这些可能性和潜力充分协调组合、充分发挥表现出来的心理能力、技能，甚至是战术能力等竞技能力的组成因素的能力大小密切相关。

在各个运动项目中，尤其是在体能类运动项目中，经常能见到一些运动能力，甚至形态结构较好的运动员，由于承受心理压力和抗外部干扰能力较低，或动作技术不尽合理，不够稳定巩固，造成体能能力或其潜力得不到应有的发挥，运动成绩往往还不如一些体能能力及其潜力与自己基本相同、基本相近甚至稍低而心理素质和技术水平发挥较好的对手。

4. 比赛环境对体能的影响

体能就身体本身而言，具有贮备性和潜在性。如主观不情愿或客观受限制，则体能不能得以展现和发挥。其一，主观能动性如何。主观上可以调控自身能力释放的总量和强度，因此思维指令是决定体育发挥的关键因素。其二，神经中枢的兴奋状态怎样。精神振奋与萎靡不振势必有截然相反的体能表现。其三，意志品质等心理特征怎样。体能的施展是一种体力的耗费，在许多情况下是一种艰难甚至是痛苦的生理过程，其中意志品质的作用是相当重要的。其四，对变化的外界环境的适应能力如何。外界环境的变化，势必引起机体的应答反应。体内的这些变化，就会连锁地影响体能的发挥，适应能力强，机体调节快，则能应答自如，宛若平常。

综上所述，一定的体能水平或潜力，必须具有相应的心理能力和技能等做保证才能相应或充分地发挥出来，才能构成竞技能力中的体能优势，才有实际意义。因此，在体能训练中，不但要切实抓好体能三大组成部分的训练提高，还要认真抓好心理能力、技能水平的改善和提高。

5. 形态结构、机能能力和运动素质的相互关系

形态结构制约着机能能力的发展和提高，机能能力制约着运动素质的发展和提高。因此，体能训练内容和训练安排，不仅要最终落实到运动素质的发展和提高上，还要

相应兼顾到形态结构、机能能力的提高和发展，这样才能使体能训练收到事半功倍的效果。例如，肌肉的肌腹长，肌腱短而粗壮，去脂体重大，肌肉的放松紧张能力强等。肌肉的形态结构条件好，这就预示着肌肉的收缩能力强，发展潜力大；机能能力的发展提高快，潜力大；力量、速度等运动素质发展潜力大，最终体能提高快、水平高。

形态结构制约着机能能力，机能能力制约着运动素质的发展，形态结构、机能能力等体能因素水平的高低必须通过运动素质的高低表现出来才有实际意义，才能促进体能，进而促进竞技能力的提高。

在运动实践中，一些运动员的形态结构、机能能力均不错，而运动素质水平相对不高，导致体能上不去，或水平不高，最终导致竞技能力和运动成绩的水平受到限制。而有些运动员的形态结构或机能能力并非很好，而运动素质却能上得去，表现出很高的体能水平和竞技能力。

二、专项能力

专项能力与运动员的专项运动紧密相关，它是能直接促进专项成绩提高的一种特殊能力。对于运动员而言，其竞技能力的充分发挥，主要依靠对运动成绩具有决定性作用的专项能力的强化训练，挖掘其体能和技术的潜力，这样才能有效促进运动成绩的快速提高。专项能力训练的目的是根据运动员现有条件，将个人身体素质转化为专项竞技所需的能力。不但练习内容要依运动员的训练水平、技术状况、训练时期、年龄及生理、心理特点而定，而且其动作时机、速度、顺序、路线、幅度及身体姿势等时间和空间特征也应尽量接近于比赛技术动作，或尽可能地满足专项竞技和比赛的需要。因此，专项能力训练是将运动员身体机能和身体素质转化为专项实战能力的重要桥梁，在实践中往往是取得高水平运动成绩进一步突破的关键环节。

（一）专项能力的定义

一个未受过竞技运动专业系统训练的人也许同样具备很好的肌肉力量，但是他在任何一个运动项目的比赛中都不可能达到高水平，其原因就在于他拥有的力量不是专项所需的力量，专项能力达不到专项运动员的水平。

专项能力指运动员在特定专项领域所具备的竞技能力，是提高专项训练水平和专项运动成绩所具备的最直接的竞技能力。专项能力主要包括专项运动素质、专项运动技术、专项战术意识和战术能力、专项心理品质及专项运动智能。专项能力的高低直接决定着专项训练水平和专项运动成绩的好坏，专项能力的提高必须通过长期系统的训练才能实现。

（二）专项能力的训练

在各个项目的训练过程中，必须处理好专项能力与一般能力的发展关系，合理安排好两种能力训练的内容和训练时间的比重。在多年的训练过程中，随着训练水平的提高，专项能力的训练应逐渐占主导地位。

1. 强化"专项"在训练中的核心位置

在运动员多年的训练过程中，一般能力和专项能力的发展在比例上并不是等同和不变的，而是随着年龄和专项成绩的提高不断地发生变化。一般来说，在基础和初级训练阶段，一般能力的训练占有重要位置，而随着年龄和运动成绩的提高，专项能力的训练比例逐渐增加，直至在进入高水平训练阶段后成为训练的核心。

在过去的训练过程中，人们过于强调训练的"多样化原则"，在运动员进入高水平训练阶段后仍然采用大量分解和局部训练手段和负荷发展运动员的专项能力。在这一训练思想的指导下，恰恰忽视了专项本身作为一种专项训练手段对专项能力发展的作用，没有认识到完整的专项练习是集机体各种不同能力于一身，从生理、心理到技战术等多方面对机体构成最全面和最适宜刺激的训练手段，从而导致以突出整体和综合性为主要特征的专项能力得不到有效的发展。

这一专项训练旨在强化"专项"在训练中的核心位置，以提高专项成绩作为训练的最终目标，从运动训练的生物适应理论出发，最大限度地调动和发挥机体的专项潜能，在科学训练思想的指导下强调和突出不同运动能力的协作和整体发展。完整和高强度的专项训练对于高水平运动员尤其重要。运动员进入高水平训练阶段后，各项身体素质及它们之间的协作已经达到很高水平，某一局部运动能力的改善不仅很难使专项成绩得到提高，有时还会影响整体的发展。

此时，只有运用完整和高强度的专项练习手段才能在更加接近实际比赛的环境下，充分挖掘那些与专项密切相关的器官和系统的潜力，从整体上促使不同素质之间、各种素质与技术之间及心理、环境等因素与技战术的发挥之间的协作更加均衡和稳定。此外，体能类项目的特点也决定了"专项"在训练中的核心作用。当运动员进入高水平训练阶段之后，运动成绩的进一步提高很大程度上依靠"体能"的改善得以实现。分解和局部的训练在训练负荷上难以达到"专项"的训练效果，显然无法有效地提高专项能力。但是，我国部分体能类项目的训练表明，至今完整的专项练习手段作为专项训练的核心内容无论是在理论认识上，还是在训练实际中均处于滞后状态。它导致我国相当一部分高水平运动员尽管拥有出色的身体素质条件，却无法在专项技术中得到充分展现。

2. 进行接近完整技术和完整技术的分项练习

完整和高强度专项练习的训练，体力与神经能量消耗大、恢复慢，训练中反复次数不能多，课次也不能密集，在整个训练过程中所占比例要恰当。所以，在训练中还应采用接近完整技术和完整技术的分项练习。

在将专项作为发展训练能力的重要手段的同时，还必须注意到训练的负荷，尤其是强度。强调完整的专项训练并不意味着盲目增加训练的强度，过高的训练强度并不能解决专项训练水平问题，甚至还可能妨碍专项能力的发展。运动员在长期大且低强度的训练中很难获得突出的、接近比赛强度的刺激。

3. 提高训练强度

传统的周期训练理论曾对运动训练产生过较大的影响，但已不能完全适用于现代高水平竞技体育研究。在旧的训练模式的指导下，一些教练员片面地理解训练"量"与"质"的关系，机械地认为数量的堆积是获得训练质量的前提，简单地将由训练量引起的机体疲劳作为衡量训练效果的指标。这种以"量"为主构成的训练，即使是运用了非常"专项化"的训练手段，也不可能提高训练的"强度"。运动成绩的提高，取决于多方面的因素，其中训练质量对训练效果起着至关重要的作用，而训练的质量取决于训练的强度、完成专项技术和练习动作的正确性及练习的密度和数量等。训练目标不明确、重点不突出、针对性不强的低强度训练，运动员的专项能力也就难以提高。运动训练实践已经证明，随着运动员竞技水平的提高，机体各器官、系统的功能及其它们之间的协作不仅达到了相当高的水平，而且日趋逼近生理机能的极限。运动员进入高水平训练阶段的一个主要特征为竞技能力的"可塑空间"逐渐减小，专项成绩的提高速度日趋缓慢，它导致运动员对训练手段和负荷的要求显著增强。在这种情况下，低强度大负荷训练不利于专项水平的提高，有一定强度要求的训练才能有助于运动员保持稳定状态，在比赛中发挥水平。

4. 根据"从实战出发原则"安排训练

"从实战出发"，就是要将比赛场的残酷性、对抗强度、比赛压力体现在训练中。

（1）掌握项目特点和规律

运动项目特点是建立科学指导思想的根本，是科学设计训练方法的源泉，是制订科学训练计划的指南。因此在实践中，只有切实了解和掌握了运动项目的特点，才能做好优秀运动员的专项能力训练，否则一切都是空谈。对运动项目的规律和特点有了本质的认识，专项运动能力训练的方向才不会出现偏差，运动成绩才会大幅提高。项目的特点并不是一成不变的，随着比赛规则的变化，运动水平的提高，在训练中对专项的理解也应随之变化，专项训练的方法和手段也应发生相应的变化。

（2）重视训练与比赛的一致性

从实战出发就是从比赛的实际需要出发，是专项训练与比赛一致性的具体体现和要求。从实战出发要求在训练中使用比赛时完整且高强度的专项训练手段，这对于体能类项目可能十分重要，比如田径中的跳高和跳远等。完整和高强度的专项训练对于高水平的运动员尤其重要。运动员进入高水平训练阶段后，各项身体素质以及它们之间的协作已经达到很高水平，某一局部运动能力的改善不仅很难使专项成绩得到提高，有时还会影响到整体的发展。此时只有运用完整且高强度的专项练习手段才能在更加接近实际比赛的环境下，充分挖掘那些与专项密切相关的器官和系统的潜力，从整体上促使不同素质之间、各种素质与技术之间以及心理、环境等因素与技、战术的发挥之间的协作更加均衡和稳定。

（3）坚持从难、从严要求

从实战出发，在进行专项能力训练时要从难、从严进行。从实战出发的"难"就是强调专项能力训练的针对性和高质量；从实战出发的"严"，最根本的就是要突出专项的特点。从难和从严的训练要求训练必须有针对性，根据实战需要从实际出发，结合运动员的个体特点，进行有针对性的训练。

（4）注重心理和智力的培养

对优秀运动员的培养，不仅包括加强对其体能和技术的训练，更重要的是加强对其心理和智力的训练。例如，根据运动员的心理与智力特征，坚持从实战出发，塑造其优秀的心理素质。在实战训练中要打破以"体力投入为主"的单一训练模式，使之向身心并重、技能合一的方向转化和发展。在实践中，有些运动员在大赛中因心理失衡而导致失败，其实这就是平时训练中不注重内在质量的结果。

第三节　专项身体素质训练方法

一、专项力量

（一）专项力量概念的界定

1. 不同项目对力量的不同要求

在对"专项力量"进行界定时，必须弄清不同项目对力量的不同要求，通过分析几个典型项目的用力特点后发现，这些要求主要体现在以下几个方面：

第一，在不同的运动项目中，由于专项动作用力时刻的起始速度要求不同，最终将导致不同专项运动员的力量产生差异。

第二，由于不同的项目对肌肉用力的持续时间要求不同，导致对运动员的肌纤维成分、用力时的供能系统，以及最大力量和快速力量的要求不同。

第三，在肌肉用力地目的相似时，用力收缩方式稍有不同，会对力的效果产生重大的影响。

第四，在动作结构相似的条件下，如果用力方向的要求不同，对运动员的用力要求也是不同的。

第五，即使在动作结构相似的条件下，如果克服的恒定外界阻力不同，对肌肉力量的要求也会不同。

第六，不同的项目，产生反作用力的物质材料的性能不同，对肌肉用力的要求不同。

第七，即使动作的结构相近，但由于不同项目的战术要求不同，会造成肌肉力量特点的不同。

不同项目对力量的不同要求中，上述第一点至第四点都指明了不同专项的运动员肌肉收缩用力在时间和空间上的区别。这些区别又是由于运动员在比赛规则的要求下，为了最大限度地挖掘力量潜力所采用的技术造成的。第五点和第六点的恒定外界阻力以及产生反作用力的物质材料，虽然由规则规定，但这种规则上的限制，决定了运动员采用哪种技术。第七点则指明了战术对力量特点的影响。

总之，不同项目运动员的力量特点，主要是由该运动员比赛动作的技术和战术在时间和空间上对肌肉用力的要求来决定的。

2. 对专项力量的认识

对"专项力量"较为准确的解释是，在运动员比赛动作技术和战术所要求的时空条件下，参与运动的肌肉或肌群收缩克服阻力的能力。由于这种肌肉的能力最终表现为运动员在该项目的比赛中，为了获得比赛的优胜，在符合规则的条件下，对人的整体或某一部分或器械进行最大限度的加速或减速，或使它们保持在一个特定的位置上，因此，运动员所克服的阻力，以及运动员或其控制的器械的速度大小或速度变化大小，以及位移大小和姿势的准确与否，都可用来考查运动员在专项力量上的水平。需要特别注意的是，"时空条件"应该包括肌肉收缩时的速度大小、收缩开始前所需改变状态的物体的初速度、肌肉用力地持续时间和肌肉收缩形式。另外，技术是一种理想的"模式"，反映的是一般规律，具有共性；但又必须考虑运动员的个人特点，具有个性。同时技术具有相对性，它随实践的发展而发展，始终处于一个动态的过程中。在理解战术要求时，要特别注意，由于要贯彻战术意图，运动员的心理定向将导致对比赛动作要求的影响。

（二）专项力量训练机理

专项力量是指在运动员比赛动作技术和战术所要求的时空条件下，人体参与运动的肌肉或肌群收缩克服阻力的能力。专项力量训练的目的就是通过专门的肌肉力量训练，使运动员相关的神经肌肉系统引起专项化的适应和提高。

神经肌肉系统可以通过神经和肌肉两条途径来适应训练。根据训练计划的特征，发展肌肉力量时，爆发力将会因去适应其他力量的特征而导致下降。比如，用完成很慢的大负荷抗阻力练习来提高运动员的最大力量时，就可能导致肌肉快速力量和快速收缩能力的下降。因此，首先要确定目标运动的专项化神经肌肉特征，再去安排用以提高专项力量的各种抗阻力练习。

神经肌肉系统引起的适应，以及由此在运动中产生的提高，与所运用的抗阻力练习类型密切相关。这种训练的专项性涉及练习的各个特征。它们包括练习所动用的肌肉群、动作的结构、关节运动的范围、肌肉收缩的类型与速度。力量训练的专项适应性，要求必须确定目标活动的专项需求。对专项需求的完整分析应该包括参与工作的肌群、收缩类型、动作速度、"拉长—缩短周期"运动的要求、克服或移动的负荷、动作的持续时间、保持高能量输出方面的要求、能够提供的间歇周期和受伤的可能性等方面。

（三）专项力量训练

1. 体能主导类快速力量性项群

体能主导类快速力量性项群包括跳跃、投掷和举重项目。快速力量的训练在本项群训练中有着特别突出的地位。跳跃项目中快速起跳能力的培养，投掷项目中器械出手速度的训练，举重项目迅速发力上挺能力的训练，都在本项群训练中日益引起高度重视。

2. 体能主导类速度性项群

体能主导类速度性项群包括短跑、短距离游泳等项目。例如，100米跑、200米跑、50米自由泳、100米自由泳与100米跨栏等。

短跑运动员专项力量训练。该项目的力量是一种动力性力量，根据用力的性质，动力性力量又可分为重量性力量和速度性力量。短跑运动中的肌肉活动，既表现为重量性力量又表现为速度性力量，只不过在短跑运动中，肌肉的收缩速度更明显、更重要。因此，把短跑运动员的用力称之为速度性力量。

短跑运动员的力量训练必须和技术相结合，才能使力量训练达到最佳的效果，因为力量训练的最终目的是学习技术、提高运动成绩而服务的。可是怎样使二者结合起来呢？简言之，围绕着技术结构的特点进行力量训练。例如，先进的短跑技术要求落地时小腿和踝关节要做积极的后扒动作。假若小腿和踝关节的力量差，就不容易做出此动作。因此，在训练中就要加强对小腿和踝关节的力量训练。

练习方法有以下几种：①负重做快速的小步跑。要求：落地时小腿和脚做积极的后扒动作，并保持高重心。②负重做高摆扒地的技术。要求：大腿高抬，而后并积极下压踝膝放松，小腿自然前伸，落地时积极后扒。③弹性踮步走和弹性踮步跳。要求：脚掌着地过渡到足尖，然后有弹性地走或跳。④沙坑或木屑跑道上做各种弹性跳，要求：踝关节充分用力落地且要有弹性（单足跳、跨步跳和原地双脚跳）。⑤负重（杠铃或沙袋）的原地双脚跳起。要求：脚跟不落地、落地后立即反弹跳起。⑥跳深（40厘米高）。要求：足尖着地，落地后立即反弹跳起。

游泳的专项力量训练。进行游泳运动员力量训练，力量练习手段选用必须与游泳技术动作结构和完成动作的主要工作肌肉群用力形式相似，才能获得最佳的训练效果。游泳运动员的陆上和水上力量练习应该结合起来，陆上练习的持续时间应与水上比赛项目所需时间相同，这样才有利于将陆上发展的力量转化为水中的力量。

采用陆上力量练习器进行专项力量练习时，必须考虑到水上训练的练习特点，水上和陆上练习的负荷方向一致才是合理的，可进行的陆上专项力量练习器为橡皮拉力、滑轮拉力和等动拉力。这三种练习器各有不同的特点，相对来说，等动拉力更适合专项，它充分考虑到了水上阻力的性质，在练习的安排上如果水上主要进行速度训练，那么进行力量练习器的训练时，应做力量或速度力量类型的练习。

3. 技能主导类对抗性项群

隔网抗性项群包括乒乓球、羽毛球、网球、排球等项目。专项力量素质是该项群运动员对抗能力、速度，以及运动技术动作的掌握与完善的基础和保证。所以，要求运动员必须进行全面的专项力量训练。

（1）发展上肢专项力量素质训练

发展上肢专项力量素质训练可进行各种徒手的挥拍动作训练，持铁制球拍进行各种挥拍动作的训练，持轻哑铃进行各种挥拍动作的训练，用执拍手进行掷远训练，进行扣杀、扣球击远的训练。

乒乓球上肢专项力量训练还可采用借力强行训练法，这是一种极限训练法。主要用于发展乒乓球运动员的相对力量。训练方法是：乒乓球运动员在完成极限负荷，训练到每组的最后阶段，单靠运动员本身的力量已无法完成动作，这时教练或同伴及时给予恰当的助力和保护，使其重新再进行挥拍2~3次。这个动作的关键是给的助力要恰到好处。这种训练方法可使肌肉得到最高强度的刺激，能有效地提高肌肉收缩的速度和力量。

（2）发展下肢专项力量素质训练

乒乓球运动员下肢的专项力量训练也至关重要。训练方法有负重半蹲后跳起训练，负重半蹲侧滑步训练，负重交叉步移动训练，负重单、双脚跳训练，负砂背心或者绑砂护腿进行各种步法移动训练。做杠铃半蹲，首先适当放松关节肌肉，选择用尽全力最多做 15 次左右的重量来做，8～10 个一组，做 4 组，每组间休息 1～2 分钟，每周做 3 次。注意动作中速度要由慢到快，再由快到稍慢。乒乓球要求爆发力，更要求速度，所以不能像健美运动那样的方式来训练，每周不要超过 3 次，超过 3 次效果反而不好。

二、专项速度

（一）专项速度训练机理

专项速度训练的目的，就是针对不同的专项，通过专门的反应速度训练、动作速度训练、位移速度训练，使运动员相关的神经肌肉系统引起专项化的适应和提高。专项速度的生理、生化基础表现为以下几点：

1. 专项反应速度

反应速度的快慢取决于兴奋通过反射弧所需要的时间，即反应时的长短。在构成反射弧的五个环节中，传入和传出神经的传导速度基本上是固定的。所以，反应时的长短主要取决于感受器的敏感程度、中枢延搁和效应器的兴奋性。其中中枢延搁优势是最重要的，反射活动越复杂，经历的突触越多，反应时越长。

2. 专项动作速度

（1）肌纤维类型的百分组成及其面积

肌肉中快肌纤维百分比越高，快肌纤维越粗，肌肉收缩速度则越快。

（2）肌组织的兴奋性

肌组织兴奋性高时，强度较低且时间短的刺激强度就可以引起组织的兴奋。

（3）条件反射的巩固程度

在完成动作的过程中，动作技术越熟练，动作速度也就越快。

3. 专项位移速度

以跑为例，位移速度主要取决于步长和步频两个因素及其协调关系。步长主要取决于肌力的大小、肢体的长度以及髋关节灵活性和韧带的柔韧性；而步频主要取决于大脑皮质运动中枢的灵活性、各中枢间的协调性、快肌纤维的百分比以及其肥大程度。神经过程的灵活性好，兴奋与抑制转换速度快，是肢体动作迅速交替的前提，各肌群间协调关系的改善，可以减少因对抗肌群紧张而产生的阻力，有利于更好地发挥速度。所以在周期性的项目中，肌肉放松能力的改善，也是提高速度的一个重要因素。

（二）专项速度的特点

区别于一般速度的专项速度，按不同的表现形式，可分为专项反应速度、专项动作速度及专项位移速度。运动员在大多数运动项目中所表现出来的专项速度，都是这三种表现形式的综合体现，但在不同项目中，专项速度的三种类型各自占的比重有所不同，通常不会单独出现，而是在不同的专项中，表现出各自不同的需求。

运动员专项速度的发展水平对其总体竞技能力的高低有着重要影响。竞技技术动作大多要求快速完成，良好的专项速度有助于运动员更好地掌握合理而有效的运动技巧，肌肉快速地收缩能够产生更大的力量，高度发展的专项速度又为速度耐力、专项耐力的发展提供了更大的空间。在不同的运动项目中，专项速度有着重要的作用。对体能主导类速度性的竞技项目，专项速度水平直接决定着运动成绩的好坏；对耐力性项目，高度发展的专项速度有助于运动员以更高的平均速度通过全程；对技能主导类项目，时间上的优势可以转化为空间上的优势，使体操、跳水等项目选手有更大的可能完成难度更高的复杂技巧，使球类及格斗项目选手获得更多得分的机会。

（三）专项速度训练

依据项群理论，以运动项目所需运动能力的主导因素为基准，对竞技项目首先分为体能主导类、技能主导类、技心能主导类、技战能主导类四大类。继而以各项体能或技能的主要表现形式或特征作为二级分类标准，把体能主导类项目分为快速力量性、速度性及耐力性三个亚类；把技能主导类项目分为表现难美性；技心能主导类为表现准确性；技战能主导类则分成同场对抗性、隔网对抗性、格斗对抗性及轮换攻防对抗性四个亚类。发展不同类项群专项速度的要求是不同的。

1. 体能主导类

（1）体能主导类快速力量性项群专项速度训练

如跳跃、投掷、举重。该类项目对专项速度的要求主要表现为专项动作速度和专项位移速度。以跳高为例，对其专项速度的训练，主要围绕提高运动员动作速度和位移速度进行。由于大脑皮质神经过程的灵活性是实现高频率动作的重要因素。因此，做高频率的动作的重复练习有助于其发展。例如，跳深、连续跨步跳、原地跳、沙坑跳、跳绳、短距离极限跳、立定三级跳、连续单足跳等。每天训练课跳150～300次，每组重复1～5次、训练负荷采用本人最大速度的90%～95%。在专项速度练习之后，进行放松训练，提高肌肉的放松能力。

（2）体能主导类速度性项群专项速度训练

如100米跑、100米游泳、500米自行车等。这类项目对专项速度的要求主要表现为专项反应速度、专项动作速度、专项位移速度三种速度的有机整合。以100米跑为例，提高反应时的练习。通过反复发出各种信号刺激让练习者迅速做出反应的信号刺激法练习，是实现缩短反应时的重要手段。比如，反复进行听起跑口令或枪声进行起跑练习。此外，还应完善起跑技术，提高动作速率的训练。高频率的动作重复练习有助于其发展肌组织的兴奋性。又如，快速小步跑、快速高抬腿；还可以借助牵引跑、跑台、顺风跑等借助外力提高动作频率的练习。发展磷酸原系统供能的能力，多次重复 20～60 米的快跑、行进间 20～60 米快跑、追逐跑等。提高肌肉的放松能力，用次最大速度跑，来避免肌肉过分紧张。发展力量和柔韧性，如持哑铃重复摆臂练习、负重跑、阻力跑等。

（3）体能主导类耐力项群专项速度训练

该训练包括中长距离及超长距离的走、跑、骑、游、滑、划等所有的项目。这类项目是以速度耐力为主导的项目，对专项速度的要求主要表现为专项位移速度。以 1500 米跑为例，在借助牵引跑、跑台、顺风跑等借助外力提高动作频率练习的基础上进行持续训练，即在一定的速度基础上进行持续 1 分钟左右的练习。以通过提高乳酸能供能能力来解决位移速度尤其是最后 400 米冲刺的能力。提高肌肉的放松能力。在长距离的跑动过程中，注意脚步与呼吸的节奏，摆臂放松，以避免过分紧张。肌肉的放松能力好坏对保持高速度起着重要作用。

2. 技能主导类专项速度训练

例如，体操、艺术体操、技巧、跳水等。这类项目对专项速度的要求主要表现为专项动作速度。以跳水为例，主要采用高频率动作的重复练习，有助于其专项速度的发展。快速练习：如计时俯卧撑。纵跳转体练习：原地跳起转 360°或 720°练习，连续进行 10～20 次，要求转体要快速，连续 2～3 组；快速翻转练习：连续蹶子接小翻、连续快速侧手翻；快速哑铃练习：持 1 千克重轻哑铃，做快速头上双臂屈伸；减少阻力法，可以利用一些增加助力的方法来减轻运动员体重，提高运动员的动作速度，目的是提高运动员高速运动的感觉能力，以帮助运动员提高完成某一技术环节的动作速度。提高速度力量是提高动作速度的重要基础。比如，计时快速推倒立、臂屈、俯卧撑；计时快速完成两头起、背屈伸；计时快速引体向上练习；规定距离的快速爬倒立练习，等等。

3. 技战能主导类

（1）隔网对抗类专项速度训练

如乒乓球、羽毛球、网球、排球等。这类项目对专项速度的要求主要表现为专项反应速度、专项动作速度、专项位移速度三种速度的有机整合。以乒乓球为例，提高反应时的练习可采用信号刺激法，如多球快速练习、视觉反应练习。提高动作速率的训练可进行多球练习，加快供球的节奏和增大回球的难度等。提高灵敏度训练可进行正确的、反复的练习技术动作，尤其是结合性技术动作，提高各种技术动作之间的衔接和转换的协调性和节奏感。提高ATP-CP系统和乳酸能供能系统的机能水平可利用"重复训练法"，把时间控制在1分半钟以内，两人连续的快速对拉等方法提高ATP-CP系统和乳酸能供能系统的机能水平，提高肌肉的放松能力。

（2）同场对抗类专项速度训练

如足球、手球、冰球、篮球等。这类项目对专项速度的要求主要表现为专项反应速度、专项动作速度、专项位移速度三种速度的有机整合。以足球为例，训练方法：

①提高反应时的练习

信号刺激法。如轻跳，听（看）教练员击掌，快速转体180°；队员站成四路纵队，人与人之间距离3~5米，教练员站在队伍前面，按照教练员口令和各种手势，全队做向前、向后、向左、向右快速度起动2~3米或原地转体180°等各种动作的变换练习。

②提高动作速率的训练

重复训练法。通过反复地在快速运动中完成两个或两个以上技术动作结合的练习，逐步提高运动员无球和有球技术动作的熟练程度，建立巩固的动力定型。大量采用田径运动中训练短跑运动员的训练方法来提高足球运动员的跑速。多采用15~30米各种不同开始姿势的快速冲刺跑。比如，后退四五步后立即向前冲刺10米；连续向前冲三步，再转身后退两三步，再向前冲三四步等方法。

（3）格斗对抗类专项速度训练

如摔跤、柔道、散打、拳击等。这类项目对专项速度的要求主要表现为专项反应速度、专项动作速度、专项位移速度三种速度的有机整合。以拳击为例，训练方法：

①提高反应时的练习

信号刺激法。如"相互摸肩练习"，即两人相对分开站立，伺机拍击、触摸对方的肩部，且可相互躲避对方的拍击，看谁反应快，拍击次数多。

②提高动作速率的训练

如"最高速度完成单个动作或组合拳法的练习"，在15~20秒内，尽最大速度，尽可能多次快速地完成单个动作或组合拳法。"负重快速完成动作法"，以最大力量水平的15%~20%为宜。

③提高ATP-CP系统和乳酸能供能系统的机能水平

"最高速度完成单个动作或组合拳法的练习"，是在较短的时间内，大强度、大密度的练习，能较好地发展提高ATP-CP系统和乳酸能供能系统的机能水平。

④提高肌肉的放松能力

通过短距离的变速跑、变向跑、单脚跳、双脚跳、收腹跳、跨步跳等各种跑跳动作，重点发展踝关节和小腿三头肌的爆发力及弹性。

（4）轮换攻防对抗类专项速度训练

如棒球、垒球、板球等。这类项目对专项速度的要求主要表现为专项反应速度、专项动作速度、专项位移速度三种速度的有机整合。以棒球为例，训练方法：

①提高反应时的练习

采用信号刺激法，如投球手以不同的速度，不同的角度反复投向击球手，让其挥棒击球。

②提高动作速率的训练

在无球状态下，重复进行挥棒技术的练习。

③发展磷酸原系统供能的能力

利用重复训练法，在对以上练习进行多次重复的同时，也很好地发展了磷酸原系统供能的能力。

④提高肌肉的放松能力

尤其是在挥棒前的等待期，过度的紧张会加速能量的消耗。挥棒的瞬间，拮抗肌的主动放松能提高挥棒的有效力量，从而提高专项动作速度。"负荷交替法"，可以用较重的棒球棒进行挥棒练习，之后换正常棒球棒接着再做若干次挥棒练习。

三、专项耐力

（一）专项耐力的概念

"耐力"的定义是人体在尽可能长的时间内进行肌肉活动的能力。耐力是人体抵抗疲劳并持续活动的能力。

专项耐力概念虽然已被提出很多年，但是直到现在仍未对此概念的内涵和外延达成一个统一的共识。例如在《体育科学词典》中，把专项耐力的概念定义为运动员长时间持续地或多次地重复地完成专项运动的能力。

（二）专项耐力的训练机理

人体的运动能力不可避免会受到自身形态结构、心理因素及环境条件的限制。要想在比赛中取得优异的运动成绩，运动员就必须在生理机能、技术水平和心理素质几个方面获得最大的发展。在探讨训练机理之前，首先要明确影响专项耐力成绩的关键因素，在此基础上才能更好地探索合适而有效的训练方法。

影响耐力素质的因素有多种，这里主要讨论生物学、心理学和遗传学的影响因素，主要从外周性限力因素、中枢性限力因素、心理限力因素及遗传限力因素四个方面对耐力成绩的影响因素进行研究。

1. 外周限力因素

与中枢限力因素相对应，把心肺功能、内环境的稳定性、肌纤维的类型及肌肉的横断面积统称为外周限力因素。根据物质转运理论，引入"转运系数"的概念来描述物质从一处运往另一处的能力。物质运输中某一环节的转运系数等于该环节中运输阻力的倒数。氧气的转运系数越大，则受到的阻力越小，氧气转运系数的大小主要取决于心肺功能的强弱；二氧化碳、乳酸及物质代谢的转运系数的大小决定了人体内环境稳态的维持，而内环境的稳定性是有机体正常运行的基础保障；同时人体体温的平衡也影响着内环境的稳定，机体总是通过调节产热率和散热率，使机体的产热量等于散热量，从而保持机体的平衡。耐力训练归根到底还是肌肉的运动，肌纤维的类型、肌纤维类型的百分比及肌肉的横断面积等都是影响耐力成绩的重要因素。由此可见，能量的供应、内环境的稳态、肌纤维类型及肌肉的横断面积都是影响耐力成绩的决定性因素。从项群的特点角度出发，外周限力因素对于体能类项群的影响占有较大比重。例如体能类项群中的中长跑项目，拥有强大的心肺功能和良好的内环境调节机制是获得优秀运动成绩的基本保障。

2. 中枢限力因素

神经系统的专项性特征决定运动单位参与数量与类型，而神经发放冲动的强度和发放模式决定了肌肉力量大小、递增率和持续时间。各中枢间兴奋和抑制的协调，使肌肉活动节律化、能量消耗节省化及吸氧量和需要量相对平衡化，从而能长时间保持运动。神经过程的相对稳定及各中枢之间的协调性是提高有氧能力的重要前提。提高脑细胞对酸性环境的耐受力是耐力训练过程中一个很重要的部分，只有保证信息处理中心和命令下达中心的正常工作，人体的其他功能才得以正常地运行，才能保证机体持续地运动下去。战能类项群和技能类项群中的运动项目需要大强度的神经发放冲动和高频率的兴奋与抑制的相互转换，中枢限力因素对于此类项目影响较大一些，同时中枢机制的耐酸性对于无氧运动项目同样非常重要，而对于一些射击类项目又需要神经的高度集中。

3. 心理限力因素

影响成绩的除了身体的、技术的因素之外，心理限力因素也起着决定性的作用。然而，心理训练往往没有被放在重要的位置上，这是目前运动训练过程中的一大缺憾。在高水平运动员的角逐中，最后决定胜负的关键因素往往是心理因素，所以心理训练应引起教练的高度重视。在长期艰苦的耐力训练过程中，个体的心理特征是运动员通过自觉的努力获得最佳身体训练效果的主要决定因素。坚强的意志品质还会促使运动员在面对肉体痛苦和精神挫折时，竭尽全力地拼搏。

4. 遗传限力因素

从人类遗传学上看，耐力性项目的运动成绩与其他运动项目的成绩一样，是复杂的多因素的集合。研究发现，人的生理、心理及神经等的特性受遗传的影响较大。遗传因素在很大程度上决定着运动员的发展方向与发展潜能的大小，如白肌纤维含量多的运动员适合于快速运动的项目，而红肌纤维多或血红蛋白含量高的运动员则适合于耐力性运动项目。

基于以上分析，从专项耐力影响因素的角度去分析耐力训练的训练机理，得出专项耐力的训练机理主要由以下几部分构成：提高心肺功能及能源储备、提高机体的耐受力、提高神经—肌肉系统的协调整合的能力及其培养运动员坚强的意志品质和完备的心理素质。

（三）专项耐力训练

1. 体能主导类快速力量性项群

此类项目对于专项耐力的要求主要表现为以最大强度重复完成完整比赛动作的能力，如田赛项目、举重等。

训练方法：重复训练法。这是以多次重复完成比赛动作或接近比赛要求的专项练习为主的训练方法。例如在举重项目中，可以规定某一运动负荷，然后让运动员在此负荷下以标准动作尽可能多地重复完成，直至力竭。跳高耐力训练中，要求运动员在某一高度持续地完整完成跳跃练习。

2. 体能主导类速度性项群

此类项目对于专项耐力的要求是运动员尽可能地在最短的时间内通过全程，如100米跑、200米跑、50米自由泳、100米自由泳与100米栏等项目。

训练方法：①间歇训练法。根据项目的特点以及时间的要求，安排在一定的时间内重复若干组，组间有间歇休息时间，放慢节奏和速度。②变速训练法。长短段落变速跑，分为多种训练方式。例如，快慢结合跑，200米快+200米慢+150米快+150米慢+100米快+100米慢+100米冲刺跑，这样可以增强对比赛中速度和耐力结合的意识，体会如何在疲劳状态下进行高速运动。③追逐性训练。例如，让运动员排成一路纵队快跑前进，队尾最后一人急速追赶跑向队首，然后队尾的队员再连续地跑向队首。④上下坡往返跑，下坡时候快跑，上坡时候慢跑等。

3. 体能主导类耐力性项群

此类项目对于专项耐力的要求是用尽可能快的平均速度通过全程，如800米以上径赛项目、公路自行车、铁人三项等项目。训练方法如下：

（1）持续训练法

这是一种负荷强度较低、负荷时间较长、练习过程并不中断的练习方法。持续训练法是为重点发展有氧代谢水平而提出的。该法强调一次负荷运动的持续时间较长、强度适中，心率负荷指标应在每分钟 130～160 次之间。例如在铁人三项运动中，为了发展运动员的有氧耐力，如果运动员要在 10.5 小时内完成铁人三项比赛，每周至少要进行 11 千米的游泳、320 千米的自行车和 65 千米的跑步训练来加强体能。

（2）高原训练法

此方法是在高原上进行耐力训练的一种训练手段。我国在云南海埂、青海多巴和宁夏西吉等多地建立了中度高原训练基地，并把高原训练作为大赛前的重要训练手段，取得了显著的训练效果。中度高原空气密度只有海拔平面的 77%，氧含量只有平原地区的 3/4 左右，氧分压大于平原地区的 20%～25%。当运动员在这样的环境下进行训练时，由于"调节适应期"产生应激，呼吸频率和心率加快，溶解在血管里的部分氧气受低气压的影响不易被身体吸收，使得血管体积增大，血管扩张，血管壁增厚，血管变粗，通过的血量增多，从而更好地锻炼了心血管系统，提高了最大摄氧量和血色素浓度，增强了乳酸的耐受能力。

4. 技能主导类表现难美性项群

此类项目对于专项耐力的要求是以最佳技术重复完成完整比赛动作的能力，如体操、艺术体操、跳水、花样滑冰、花样游泳等项目。训练方法如下：

（1）完整练习重复法

该方法包括规定练习动作套数的重复法和规定练习时间的重复法。规定练习动作套数的方法是指让运动员尽量以比赛规格的动作质量完成某一数量的动作套数。而规定练习时间的重复法是指让运动员在规定的时间内尽量以比赛规格的动作质量进行专项动作的练习。例如，在体操的训练中可规定运动员一次性完成 5～15 遍整套动作练习或规定在一定的时间内持续地进行某一套专项动作的练习。

（2）分段练习重复法

分段练习重复法是指对有整套动作中的某一技术环节的多次重复练习，如体操训练中原地连续侧空翻、前空翻、连续趋步踺子、踺子小翻等。

（3）间歇训练法

间歇训练理论认为，训练时心率达 170～180 次/分钟，间歇后心率达 100～125 次/分钟时再进行训练，此种训练方法主要发展的是磷酸原供能系统。

四、专项柔韧

（一）概念界定和分类

从物理学的角度来看，柔韧素质是指物体在受力变形后，不易折断的性质。从解剖学的角度来分析，柔韧素质是指人体关节活动幅度的大小以及跨过关节的韧带、肌腱、肉、皮肤以及其他组织的弹性和伸展能力。它包括两个方面的含义：一个是关节活动幅度的大小，另一个是跨过关节的肌肉、肌腱、韧带等软组织的伸展性。关节的活动幅度主要取决于关节本身的解剖结构，跨过关节的肌肉、肌腱、韧带等软组织的伸展性，则主要通过先天遗传和后天训练获得。因此，柔韧素质，就是人体通过先天遗传和后天训练获得的关节活动幅度的大小，以及关节周围软组织的伸展能力。

柔韧素质可以分为一般性柔韧和专门性柔韧两种。一般性柔韧通常指运动员在进行一般训练时，为适应和保证一般训练顺利进行所需要的柔韧素质。例如，球类运动员在速度练习时加大步幅所需要的腿部柔韧性；田径运动员负杠铃进行深蹲练习时需要的大腿后群肌肉所表现出来的柔韧性等。专门性柔韧即是专项运动技术所特需的柔韧性。

（二）专项柔韧的训练机理

影响柔韧素质的因素有很多，包括人体解剖特征、神经活动过程特点、心理因素及身体状况等。大致有以下几个方面：

1. 肌肉、韧带组织的弹性

肌肉、韧带组织的弹性是影响柔韧素质的最主要因素。遗传对它们有着一定的影响，但也取决于男女性别、年龄特征及中枢神经系统的兴奋性。在中枢神经系统的影响下，肌肉的弹性会产生显著的变化，如比赛中情绪高涨，柔韧性会有很大程度的提高。

2. 关节的骨结构

关节的骨结构是影响柔韧性诸因素中最不易改变的因素，基本上完全由遗传所决定。虽然训练可以使骨结构产生部分变化，但是也仅表现在关节内软骨形态的变化方面，而且这种变化只能局限在关节骨结构许可的范围内。

3. 关节周围组织的体积大小

关节周围组织体积的大小对关节活动起着限制作用。它一方面受先天遗传的影响，另一方面也受后天训练的影响。往往由于这些关节周围组织体积的增大而影响柔韧素质的发展，如有些肌肉体积增大就影响其周围关节的活动幅度。

4. 神经活动过程特点

神经活动表现为兴奋与抑制的转换。这一转换过程的灵活性与运动活动中肌肉的基本张力有着密切的关系，特别表现在中枢神经系统调节对抗肌之间的协调，以及对肌肉紧张和放松的调节。由于神经活动过程分化抑制的发展程度对运动员随意放松能力起着重要的作用，因此与柔韧素质有着密切的关系。神经系统能很好地改善对抗肌之间的对抗程度，这将使肌肉放松与紧张的调节能力得到提高，使柔韧性得到良好的表现。

5. 心理紧张度

运动员表现出来的心理变化可以通过中枢神经系统、体液调节等影响到有机体各部位的工作状况。心理紧张度过强、过长会使神经过程由兴奋转为抑制，严重影响各部位的协调能力，从而影响柔韧性；反之，如心理紧张度适度，则有助于柔韧性的表现。

6. 外部环境的温度和表现柔韧性的时间

18℃以上的外界温度是表现柔韧性的最适宜温度，18℃以下则对柔韧性的表现不利。在一天的不同时间内，运动员的柔韧性也不相同。虽然这与一天内外界温度的变化有关，但更重要的是一天内有机体的机能状态存在着一定的变化。例如，刚睡醒时柔韧性较差，早晨明显下降，中午比早晨好。

许多人以为早晨人的柔韧性好，其实是一种误解。利用早晨进行柔韧性练习主要是因为肌肉内的张力通过一夜睡眠已得到调节，多余的肌紧张已得到消除，肌肉处于松弛状态，韧带易于拉开。

7. 主动柔韧性与肌肉的力量有关

有机体某部位的力量大，有助于增大这个部位的活动幅度，显而易见，这个部位的主动柔韧性就必然好。但是力量训练使这部位周围的肌肉组织、韧带等软组织体积增大，那也将影响关节的灵活程度。因此，在练习时可采用力量练习和柔韧性练习合理结合的方法，克服因力量训练带来的不良影响，从而使这两种素质的发展都达到很高的水平。

8. 有机体疲劳的程度

在有机体疲劳的情况下，柔韧性会产生很大的变化，这时主动柔韧性指标下降，而被动柔韧性指标则会提高。

在运动活动实践中，准备活动做得充分与否、训练时间的长短等非本质性因素对柔韧性也有相当明显的影响。

9. 年龄与性别

（1）年龄

根据人的自然生长规律来看，初生的婴儿柔韧性最好。随着年龄的递增、骨的骨化、肌肉的增长，人的柔韧性逐渐加强。柔韧性的增长在10岁以前自然获得发展，10岁以后随年龄的增长，柔韧性相对降低。特别是髋关节，由于腿的前后活动多，加之肌肉组织增大，使左右开胯幅度明显下降。因此，在10岁以前就应进行柔韧练习，使自然增长的柔韧性得到提高。

在10~13岁这个年龄应充分发展柔韧练习，因为这个年龄段是性成熟前期，骨的弹性增强，肌肉韧带的弹性、伸展性仍有较大的可塑性，进行充分的柔韧练习，使各关节幅度达到最大的解剖限度，充分提高肌肉韧带的伸展性，不仅能提高各关节的柔韧性，而且对身高增长也是有利的。

13~15岁为生长期。在这个时期骨骼生长速度超过肌肉的生长，因此柔韧性有所下降。在这个时期要特别注意身体发育的匀称性，多做全身性的伸展练习，巩固已获得的柔韧效果。

在16~20岁这个年龄，整个身体发育趋向成熟，可加大柔韧负荷、难度，从而在已获得的柔韧基础上，进一步获得专项所需要的柔韧素质。

（2）性别

根据生理解剖特点，男子的肌纤维长，横断面积大于女子，伸缩度较大，全部肌纤维的3/4强而有力；女子的肌纤维细长，横断面积小于男子，伸展性好，对关节活动限制小，全身仅有1/2的肌纤维强而有力。因此，女子关节的灵活性好于男子。

（三）专项柔韧训练

专项柔韧的训练，不同的项目有不同的训练方法，但在同一运动项群中，柔韧素质的训练方法有值得借鉴的地方，现按不同运动项群介绍其中每一运动项目专项柔韧训练方法。

1. 技能主导类表现难美性项群

此类项目对于专项柔韧的要求是，运动员以最佳的技术富有美感地完成完整的比赛动作并减少损伤可能的能力。例如，体操、花样滑冰、艺术体操、跳水、花样游泳等项目。以体操为例，发展运动员柔韧素质的方法有两种，即被动和主动，也称消极和积极。被动柔韧练习是指依靠外力的作用促使关节灵活性增大，这一方法可使柔韧指标迅速提高，但与实际应用有一定的距离，运动员承受的痛苦较大。主动柔韧练习是指通过与某关节有关肌肉收缩来增加关节灵活性的方法。这一方法与专项动作的表现形式相一致，易于体现在体操动作之中，但要想在原有的基础上进一步提高比较困难。由于这两种方法各有利弊，在体操训练中多结合使用。

（1）体操运动员柔韧素质训练方法

单人或双人的各关节伸展练习；采用各种方式、方法拉长肌肉、韧带、肌腱等结缔组织，如甩腰、吊腰、劈叉、压腿、踢腿等多种训练方法；专项动作模仿练习，如大幅度振摆、后软翻、吊环后转肩等。

（2）体操运动员柔韧素质训练负荷

①练习强度：开始以中等强度为宜，最后可达80%以上。

②练习时间：每次可控制在10～20秒，时间不宜太长。

③间歇：完全恢复，可做积极性放松活动。

④重复次数：5～10次。

⑤练习次数：3～5组为宜。

2. 技能主导类隔网对抗性项群

此类项目对于专项柔韧的要求是，能在整个比赛过程中完整地完成每个技术动作，增加动作的幅度，避免受伤，如羽毛球、乒乓球、网球等以个人为主的运动项目。

现以乒乓球为例，试做说明。乒乓球运动的柔韧素质主要表现为动力柔韧性，即肌肉、肌腱、韧带根据动力性技术的需要，拉伸到解剖学允许的最大限度，随即利用强有力的弹性回缩力来完成所要完成的动作。所有爆发力拉伸都属于动力柔韧。静力柔韧性是肌肉、肌腱、韧带根据静力性技术动作的需要，拉伸到动作所需要的位置角度，控制其停留一定时间所表现出来的能力。

柔韧素质的训练方法有两种，即主动或被动形式的静力拉伸法和主动或被动形式的动力拉伸法。这两种训练方法的特点都是在拉伸作用下，有节奏地逐渐加大动作幅度或多次重复同一动作，使软组织逐渐地或持续地受到被拉长的刺激。

（1）主动或被动的静力拉伸

主动或被动的静力拉伸是指缓慢地将肌肉、肌腱、韧带拉伸到酸、胀、痛的感觉位置，并略微超过，然后停留一定时间的练习方法。这种方法可以减少或消除超过关节伸展能力的危险，防止拉伤。由于拉伸缓慢不会激发牵张反射，一般要求在酸、胀、痛的位置停留8～10秒，重复3～5次。

（2）主动或被动的动力性拉伸

主动的动力性拉伸方法是靠自己的力量拉伸，被动的动力性拉伸方法是靠同伴的帮助或负重借助外力的拉伸，但外力应与运动员被拉伸的可能伸展能力相适应。

采用有节奏的、速度较快的、幅度逐渐加大的、多次重复一个动作的拉伸方法时，用力不宜过猛，幅度一定要由小到大，先做几次小幅度的预备拉长，然后再加大幅度，以免拉伤。

3. 体能主导类快速力量性项群

此类项目对于专项柔韧要求主要是，增加肌肉的弹性，加大关节活动幅度，保证在完成技术时进行大幅度的动作，有利于提高节奏控制能力、动作的高度协调性，以及防止受伤,起保护作用,如投掷、跳跃类运动。

以投掷类为例,投掷类项目的柔韧性训练基本上采用拉伸法,分为拉伸法和静力拉伸法。在这两种方法中都有主动、被动拉伸两种不同的训练方式。身体的各个环节肌肉、关节的主动和被动的大幅度伸展和牵引练习通常安排在准备活动和主要练习之间。具体训练内容根据运动员个体情况而定。一般采用肩关节柔韧练习、徒手和带重物做两肩向前或后的绕环的练习、徒手压肩等。

腰部和髋部练习采用站立前屈、俯卧背伸、转体、甩腰及绕环、交叉步跑、正面大步转髋、负重弓箭步走等。不仅要加强柔韧性,还要注意发展各个环节的伸展性和肌肉的弹性,根据专项特点,优先发展肩部和躯干部位的柔韧性。柔韧性练习必须经常进行。

4. 体能主导类耐力性项群

此类项目对于专项柔韧要求主要是可以增加关键关节的柔韧性和灵活性,有利于提高专项要求的运动步幅和技术,配合耐力提高竞技能力,如竞走、中长跑、长跑等运动项目。现以竞走运动员的柔韧性训练为例。

竞走运动员的柔韧素质直接影响着竞走运动员的步幅和技术,尤其是髋关节的柔韧性和灵活性。采用身体各个环节肌肉、关节的主动和被动的大幅度伸展和牵引练习,通常安排在准备活动和主要练习之间。根据竞走运动员的特点,在练习时提高运动员的肩、髋、膝、踝等关节的柔韧性和灵活性,适当增加身体围绕垂直周转动的幅度,提高肌肉紧张和放松能力,以改善动作的协调均衡性、协调能力。

5. 体能主导类速度性项群

此类项目主要是更有利于运动技术的掌握和肌力的发挥,如游泳、短距离跑等项目。以游泳为例,其练习方法:

(1) 动力牵拉

动力牵拉是指有节奏地、速度较快地、幅度逐渐加大地多次重复一个动作的拉伸方法。在运用该方法时,用力不宜过猛,幅度要由大到小,从而避免拉伤。每个练习重复 5~10 次。

(2) 静力牵拉

静力牵拉与动力牵拉正好相反,是轻柔、缓慢地将关节移到最大活动范围内,将肌肉、肌腱、韧带拉伸到一定的酸、胀、痛的感觉位置并略有超过,然后停留一定时间的练习方法。这种方法可以减少或消除超过关节伸展能力的危险性,防止拉伤。由于拉伸缓慢不会激发牵张反射,一般要求在酸、胀、痛的位置停留 5~60 秒,重复 6~8 次。

（3）被动牵拉

被动牵拉是静力牵拉的一种，由他人施加的一个压力，即在同伴的帮助下或负重借外力的拉伸使活动幅度增大，但外力应与运动员被拉伸的程度相适应。

（4）慢速动力拉伸

慢速动力拉伸是用比较慢的速度进行动力拉伸，可与静力牵拉结合进行，当关节移到最大幅度时静止5秒或更长的时间。

（5）收缩—放松法

收缩—放松法是根据神经肌肉的本体感受特征发展起来的。其根据是当肌肉先收缩时，可以更充分地放松，使活动幅度增大。

牵拉的程度比牵拉的方式更为重要，但有两种方式潜在的危险性比较大，应尽量避免。动力牵拉是最危险的，因为正在快速运动的肢体很难被控制，所以容易造成过度拉长。被动牵拉也比较危险，一个强壮而热心的同伴很可能将被牵拉者的肌肉和肌腱拉伤。不过，被动牵拉比较适合于踝关节的牵拉练习，因为这个关节不容易被过度牵拉，而且被动牵拉的效果很好。

每次训练前后应安排10～20分钟的牵拉练习，这样有利于运动员在游泳专项训练时增大动作幅度，同时改进技术。建议静力牵拉和收缩—放松牵拉持续6～60秒，因为训练效果可能达到活动范围极限在开始数秒时就已经产生，过长的牵拉可能是浪费时间。每次练习可进行3～6组，每组10～15次。进行任何素质训练的同时，也伴随着调节器、结构代谢方面的改变。然而，适应改变的过程取决于负重力量、肌肉收缩的方式、速度及练习的持续时间、肌肉组织的个体结构。

参考文献

[1] 孙科,崔乐泉编.体育文化与产业研究:第3辑[M].北京:社会科学文献出版社,2022:11.

[2] 周冰.多元视域下的体育文化发展研究[M].长春:吉林大学出版社,2022:1.

[3] 白国庆,刘晓楠.校园体育文化建设的探索[J].文化学刊,2022(1):200-203.

[4] 王少春,刘玉凤.论体育文化的特性[J].宁波大学学报(人文科学版),2019(2):127-132.

[5] 林晓滔.体教融合背景下学校体育的发展与创新思考[M].北京:人民日报出版社,2022:11.

[6] 孙贵芳,杜旭,于海强编.体育健康教程[M].北京:中国纺织出版社,2022:9.

[7] 杨晔.民族传统体育文化的传承与发展研究[J].科教导刊(电子版),2021(11):261-262.

[8] 纪本平著.新时期体育文化的传播与多元发展探索[M].北京:中国书籍出版社,2022:3.

[9] 付超,刘义.高校校园体育文化育人功能探析[J].天津教育,2022(25):17-18.

[10] 李万众,闫桂玲,杜兴彬,等.高校体育与文化艺术融合发展研究[J].黑龙江科学,2022(18):149-151.

[11] 乔树,周明.新时代体育文化价值趋向的思考[J].文化学刊,2022(5):137-140.

[12] 单瑜娜,张磊,许睿博编.大学体育与健康[M].大连:大连理工大学出版社,2022:9.

[13] 周伟峰.体育产业与体育文化发展管理探索[M].长春:吉林人民出版社,2022:8.

[14] 黄中伟,袁超,何福洋.高校体育文化理论与实践研究[M].长春:吉林出版集团股份有限公司,2022:8.

[15] 盛峰作.现代体育文化及其生态建构探究[M].长春:吉林出版集团股份有限公司,2022:8.

[16] 刘海荣,冯强明,胡晶编.新时代高校体育与健康教程[M].天津:天津大学

出版社，2022：8.

[17] 王哲. 体育文化与体育文学探析 [J]. 大众文艺，2020(8)：44-45.

[18] 李进朝. 论体育文化与体育文化产业 [J]. 现代交际，2018(9)：41，40.

[19] 耿锐，花家涛，陈鹏. 我国高校体育文化研究述评 [J]. 湖北体育科技，2022(1)：89-94.

[20] 张龙. 体育文化人的创新与坚守 [J]. 体育风尚，2020(5)：185-186.

[21] 杨彦杰. 新时代高校体育文化建设思考 [J]. 文化学刊，2022(1)：196-199.

[22] 刘哲源. 大学校园中的体育文化 [J]. 环球首映，2020(2)：108.

[23] 王智慧. 文化记忆与社会变迁 传统体育文化的代际传递 [M]. 北京：社会科学文献出版社，2022：6.

[24] 何继伟. 传统体育文化的传承与发展研究 [M]. 长春：吉林出版集团股份有限公司，2022：6.

[25] 卢伯春. 终身体育思想下我国学校体育文化的建设与发展研究 [M]. 广州：广东人民出版社，2022：6.

[26] 袁艺. 高校体育活动与校园体育文化建设 [J]. 内江科技，2022(6)：99-100.

[27] 郭燕. 体育文化产业及其发展研究 [J]. 文化产业，2021(24)：75-77.

[28] 赵乐发，王正. 体育文化多样性的全球进程 [J]. 韶关学院学报，2021(12)：57-62.

[29] 李剑书. 体育传媒视角下的体育文化建设 [J]. 文化学刊，2021(11)：186-188.